佛典密意系列

《胜鬘狮子吼经》密意

谈锡永 ◎ 著

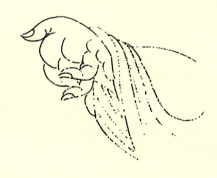

复旦大学出版社

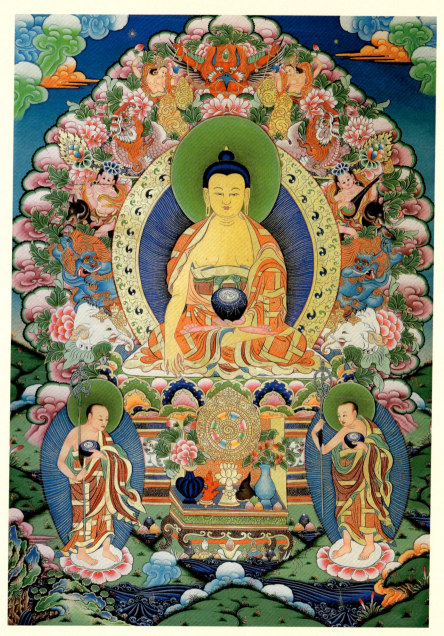

释迦牟尼

目 录

总序 ··· 001
   一、说密意 ·· 001
   二、智识双运 ··· 003
   三、略说如来藏 ·· 004
   四、结语 ·· 007

别序：《胜鬘经》说如来藏 ··· 001

引言 ··· 001

前分 ··· 009
   一、如来真实功德 ·· 011
   二、十受 ·· 017
   三、三愿 ·· 022

正分 ··· 025
   四、摄受正法 ··· 027
   五、入一乘 ·· 044
   六、无边圣谛 ··· 085
   七、如来藏 ·· 090

八、如来法身 …………………………………… 092

九、空义隐覆真实 ……………………………… 099

十、一谛 ………………………………………… 103

十一、一依 ……………………………………… 104

十二、颠倒真实 ………………………………… 106

十三、自性清净心 ……………………………… 111

十四、如来真子 ………………………………… 119

后分 ……………………………………………… 123

十五、胜鬘狮子吼 ……………………………… 125

总　序

一、说　密　意

"佛典密意"系列丛书的目的在于表达一些佛家经论的密意。什么是密意？即是"意在言外"之意。一切经论都要用言说和文字来表达，这些言说和文字只是表达的工具，并不能如实表出佛陀说经、菩萨造论的真实意，读者若仅依言说和文字来理解经论，所得的便只是一己的理解，必须在言说与文字之外，知其真实，才能通达经论。

《入楞伽经》有偈颂言：

　　由于其中有分别　　名身句身与文身
　　凡愚于此成计著　　犹如大象溺深泥[①]

这即是说若依名身、句身、文身来理解经论，便落于虚妄分别，由是失去经论的密意、失去佛与菩萨的真实说。所以在《大涅槃经》中，佛说"四依"（依法不依人、依义不依语、依智不依识、依了义不依不了义），都是依真实而不依虚妄分别，其中的"依义不依语"，正说明读经论须依密意而非依言说文字作理解。佛将这一点看得很严重，在经中更有颂言：

[①] 依谈锡永译：《入楞伽经梵本新译》，第二品，颂172，台北：全佛文化，2005年。

> 彼随语言作分别　即于法性作增益
> 以其有所增益故　其人当堕入地狱[1]

这个颂便是告诫学佛的人不应依言说而诽谤密意,所以在经中便有如下一段经文:

> 世尊告言:大慧,三世如来应正等觉有两种教法义(dharma-naya),是为言说教法(deśanā-naya)、自证建立教法(siddhānta-pratyavasthāna-naya)。
>
> 云何为言说教法之方便?大慧,随顺有情心及信解,为积集种种资粮而教导经典。云何为观修者离心所见分别之自证教法?此为自证殊胜趣境,不堕一异、俱有、俱非;离心意意识;不落理量、不落言诠;此非堕入有无二边之外道二乘由识观可得尝其法味。如是我说为自证。[2]

由此可知佛的密意,即是由佛内自证所建立的教法,只不过用言说来表达而已。如来藏即是同样的建立,如来法身不可思议、不可见闻,由是用分别心所能认知的,便只是如来法身上随缘自显现的识境。所以,如来法身等同自证建立教法,显现出来的识境等同言说教法,能认知经论的密意,即如认知如来法身,若唯落于言说,那便是用"识观"来作分别,那便是对法性作增益,增益一些识境的名言句义于法性上,那便是对佛密意的诽谤、对法性的损害。

这样,我们便知道理解佛家经论密意的重要,若依文解字,便是将识境的虚妄分别,加于无分别的佛内自证智境上,将智境增益名言句义而成分别,所以佛才会将依言说作分别看得这么严重。

---

[1] 依谈锡永译:《入楞伽经梵本新译》,第三品,颂34。
[2] 同上书,第三品,第151页。

二、智识双运

由上所说,我们读经论的态度便是不落名言而知其密意,在这里强调的是不落名言,而不是摒除名言,因为若将所有名言都去除,那便等于不读经论。根据言说而不落言说,由是悟入经论的密意,那便是如来藏的智识双运,亦即是文殊师利菩萨所传的不二法门。

我们简单一点来说智识双运。

佛内自证智境界,名为如来法身。这里虽说为"身",其实只是一个境界,并非有如识境将身看成是个体。这个境界,是佛内自证的智境,所以用识境的概念根本无法认知,因此才不可见、不可闻,在《金刚经》中有偈颂说:

若以色见我　以音声求我
是人行邪道　不能见如来

色与音声都是识境中的显现,若以此求见如来的法身、求见如来的佛内智境,那便是将如来的智境增益名言,是故称为邪道。

如来法身不可见,因为遍离识境。所以说如来法身唯藉依于法身的识境而成显现,这即是依于智识双运而成显现。经论的密意有如如来法身,不成显现,唯藉依于密意的言说而成显现,这亦是依于智识双运而成显现。如果唯落于言说,那便有如"以色见我,以音声求我"。当然不能见到智境、不能见到经论的密意。不遣除言说而见密意,那便是由智识双运而见,这在《金刚经》中亦有一颂言(义净译):

应观佛法性　即导师法身
法性非所识　故彼不能了

是即不离法性以见如来法身(导师法身),若唯落识境(言说),便不能了知法性,所谓不离法性而见,即是由智识双运的境界而见,这亦是不二法门的密意,杂染的法与清净的法性不二,即是于智识双运的境界中法与法性不二。

然而,智识双运的境界,亦是如来藏的境界,我常将此境界比喻为荧光屏及屏上的影像:荧光屏比喻为如来法身,即是智境;法身上有识境随缘自显现,可比喻为荧光屏上的影像,即是识境。我们看荧光屏上的影像时,若知有荧光屏的存在,那便知道识境不离智境而成显现(影像不离荧光屏而成显现),因此无须离开影像来见荧光屏(无须离开言说来见密意),只需知道荧光屏唯藉影像而成显现(密意唯藉言说而成显现),那便可以认识荧光屏(认识经论的密意)。这便即是"应观佛法性,即导师法身",也即是"四依"中的"依义不依语""依智不依识""依了义不依不了义"。

简单一点来说,这便即是"言说与密意双运",因此若不识如来藏,不知智识双运,那便不知经论的密意。

三、略说如来藏

欲知佛的密意须识如来藏,佛的密意其实亦说为如来藏。支那内学院的学者吕澂先生在《入楞伽经讲记》中说:

> 此经待问而说,开演自证心地法门,即就众生与佛共同心地为言也。
>
> 自证者,谓此心地乃佛亲切契合而后说,非臆测推想之言。所以说此法门者,乃佛立教之本源,众生入道之依处。[①]

由此可见他实知《入楞伽经》的密意。其后更说:

> 四门所入,归于一趣,即如来藏。佛学而与佛无关,何贵此学,

[①] 《吕澂佛学论著选集》卷二,齐鲁书社,1991年,第1217页。

故四门所趣必至于如来藏,此义极为重要。①

所谓"四门",即《入楞伽经》所说的"八识""五法""三自性"及"二无我",吕澂认为这四门必须归趣入如来藏,否则即非佛学,因此他说:

> 如来藏义,非楞伽独倡,自佛说法以来,无处不说,无经不载,但以异门立说,所谓空、无生、无二,以及无自性相,如是等名,与如来藏义原无差别。②

佛说法无处不说如来藏、无经不载如来藏,那便是一切经的密意、依内自证智而说的密意;由种种法异门来说,如说空、无生等,那便是言说教法,由是所说四门实以如来藏为密意,四门只是言说。

吕澂如是说四门:

> 前之四法门亦皆说如来藏,何以言之?八识归于无生,五法极至无二,三性归于无性,二空归于空性,是皆以异门说如来藏也。

这样,四门实在已经包括一切经论,由是可知无论经论由哪一门来立说,都不脱离如来藏的范限。现在且一说如来藏的大意。

认识如来藏,可以分成次第:

一、将阿赖耶识定义为杂染的心性,将如来藏定义为清净的心性,这样来理解便十分简单,可以说心受杂染即成阿赖耶识,心识清净即成如来藏心。

二、深一层次来认识,便可以说心性本来光明清净,由于受客尘所染,由是成为虚妄分别心,这本净而受染的心性,便即是如来藏藏识。本来清净光明的心性,可以称为如来藏智境,亦可以称为佛性。

三、如来藏智境实在是一切诸佛内自证智境界,施设名言为如来法身。如来法身不可见,唯藉识境而成显现。这样,藉识境而成显现的

---

① 《吕澂佛学论著选集》卷二,齐鲁书社,1991年,第1261页。
② 同上。

佛内自证智境便名为如来藏。

关于第三个次第的认识，可以详说：

如来法身唯藉识境而成显现，这个说法，还有密意。一切情器世间，实在不能脱离智境而显现，因为他们都要依赖如来法身的功能，这功能说为如来法身功德。所以正确地说，应该说为：如来法身上有识境随缘自显现，当这样说时，便已经有两重密意：(1)如来法身有如来法身功德；(2)识境虽有如来法身功德令其得以显现，可是还要"随缘"，亦即随着因缘而成显现，此显现既为识境，所依处则为如来法身智境，两种境界双运，便可以称为"智识双运界"。

什么是"双运"？这可以比喻为手，手有手背与手掌，二者不相同，可是却不能异离，在名言上，即说二者为"不一不异"，他们的状态便称为双运。

如来法身智境上有识境随缘自显现，智境与识境二者不相同，可是亦不能异离，没有一个识境可以离如来法身功德而成立，所以，便不能离如来法身而成立，因此便说为二者双运，这即是智识双运。

如来法身到底有什么功能令识境成立呢？第一，是具足周遍一切界的生机，若无生机，没有识境可以生起，这便称为"现分"；第二，是令一切显现能有差别，两个人，绝不相同，两株树，亦可以令人分别出来，识境具有如是差别，便是如来法身的功能，称为"明分"，所谓"明"，即是能令人了别，了了分明。

智境有这样的功能，识境亦有它自己的功能，那便是"随缘"。"随缘"的意思是依随着缘起而成显现。这里所说的缘起，不是一般所说的"因缘和合"，今人说"因缘和合"，只是说一间房屋由砖瓦木石砌成；一只茶杯由泥土瓷釉经工人烧制而成，如是等等。这里说的是甚深缘起，名为"相碍缘起"，相碍便是条件与局限，一切事物成立，都要适应相碍，例如我们这个世间，呼吸的空气、自然界的风雷雨电，如是等等，都要适应。尤其是对时空的适应，我们是三度空间的生命，所以我们必须成为立体，然后才能够在这世间显现。这重缘起，说为甚深秘密，轻易不肯宣说，因为在古时候一般人很难了解，不过对现代人来说，这缘起便不应该是什么秘密了。

这样来认识如来藏，便同时认识了智识双运界，二者可以说为同义。于说智识双运时，其实已经表达了文殊师利法门的"不二"。

四、结　　语

上面已经简略说明密意、智识双运与如来藏，同时亦据吕澂先生的观点，说明"无经不载如来藏"，因此凡不是正面说如来藏的经论，都有如来藏为密意，也即是说，经论可以用法异门为言说来表达，但所表达的密意唯是如来藏（亦可以说为唯是不二法门），因此我们在读佛典时，便应该透过法异门言说，来理解如来藏这个密意。

例如说空性，怎样才是空性的究竟呢？如果认识如来藏，就可以这样理解：一切识境实在以如来法身为基，藉此基上的功能而随缘自显现，显现为"有"，是即说为"缘起"，缘起的意思是依缘生起，所以成为有而不是成为空。那么，为什么又说"性空"呢？那是依如来法身基而说为空，因为释迦将如来法身说为空性，比喻为虚空，还特别声明，如来法身只能用虚空作为比喻，其余比喻都是邪说，这样一来，如来法身基（名为"本始基"）便是空性基，因此在其上显现的一切识境，便只能是空性。此如以水为基的月影，只能是水性；以镜为基的镜影，只能是镜性。能这样理解性空，即是依如来藏密意而成究竟。

以此为例，即知凡说法异门实都归趣如来藏，若不依如来藏来理解，便失去密意。因此，本丛书即依如来藏来解释一些经论，令读者知经论的密意。这样来解释经论，可以说是一个尝试，因为这等于是用离言来解释言说，实在并不容易。这尝试未必成功，希望读者能给予宝贵意见，以便改进。

谈锡永

2011年5月19日七十七岁生日

别序:《胜鬘经》说如来藏

在如来藏系列经典中,《胜鬘经》是相当突出的一本。

首先,本经是由一位女居士所说,然后释迦开许随喜,并且称之为"狮子吼",即是说此为了义经,这可以说是最高的赞叹。

其次,本经对如来藏的演述,是由真实功德来建立如来藏,因此便很适应观修行人的观修次第。

观修如来藏可以分三个次第。

1. 将杂染心定义为世俗,清净心定义为胜义,是即如来藏心。

2. 将世间一切法定义为世俗,将如来法身功德定义为胜义,因此在心识方面,一切心识行相便是世俗,能生起功德的清净心即是如来藏心,是为胜义。

3. 将法身功德定义为世俗,将如来法身定义为胜义,法身与法身功德必然双运,是即胜义与世俗必然双运,这便较前面两个次第为究竟,因为前两个次第还是相对,不成胜义世俗双运。

因此在心识方面,自性清净心便即是如来法身与如来法身功德的双运境界。由于如来法身功德能令一切识境自显现(世俗自显现),故可以说一切烦恼实藉如来法身功德而生,当这样理解时,所谓烦恼的空性,其实无非亦是如来法身自性(本性),如是烦恼与法身同以本性为自性,是即可建立清净大平等性。

本经由说如来法身功德来建立如来藏,便适应第二、第三个次第的观修。所以本经可以视为对观修如来藏的行人,教以抉择见与决定见,观修所缘境不离如来法身功德,亦即不离真实功德。

知道本经由法身真实功德建立如来藏的理趣，依此即可说本经结构。

本经的结构，分十五个主题，开首第一个主题，即说"赞叹如来真实第一义功德"。

经言：舍卫国波斯匿王与末利夫人生有一女名为胜鬘。王与夫人信一乘教法未久（刘宋译为"信法未久"），即是信如来藏教法未久，觉得女儿根器比自己为利，因此即遣内人旃提罗持书胜鬘，书中"略赞如来无量功德"。胜鬘夫人果然利根，得书之后立即通达如来藏，愿见世尊，于是释迦在空中显现，胜鬘即作颂赞叹如来藏常、乐、我、净四种功德，这便是胜鬘说本经的缘起。

由本经缘起，便知本经主旨在于由阐述如来法身功德而说如来藏。

第二个主题是胜鬘说"十不思议大受"。所谓受，是受持之意，是即有如誓句。凡学深密法，须先发誓句，因为学人对深密法只能信解，未能现证，若无誓句，便易中断。

这里说的十大受，即是菩萨地的四重戒，此中以第十受最为重要，笔者于"释义"中即有所说及。

第三个主题是发三大愿，此三大愿实依基、道、果而发。释迦对此三大愿作授记，说菩萨恒河沙数诸愿，悉入此三大愿中。由此可见这三大愿的重要，对这三愿，须知密意，笔者于"释义"中亦已说及。

以上前分共三个主题。

以下为正分共十一个主题。

第四个主题是摄受正法。本段经文颇长，然而却甚为重要。释迦对摄受正法称为大愿，并说菩萨一切愿都入此大愿中。这说法，跟前说菩萨一切愿悉入胜鬘三大愿相应。这即是说，若依如来真实功德发愿，愿力甚大，可以涵盖无数依法异门而发的诸愿。复由于此，下文才可以成立摄受正法的重要,并且依此而成立一谛与一依。

复次,前文既说如来真实功德,并因此功德而发十受三愿,这便成立了观修如来藏的因,接着下来即应说修如来藏的道,是故即说摄受正法。

说摄受正法分为三段,亦分基、道、果而说。按印度传规,这可以说是道的基、道的道、道的果。

第一段,说由摄受正法之愿摄一切愿,这是赞叹无边正法功德之愿力不可思议。后由说摄受正法愿,便成立了摄受正法因,是即为摄受正法的基。

第二段,说摄受正法与法无二。经中用四譬喻来说,每一个譬喻都有密意。由四喻即可知如来藏教法能摄一切法异门,亦可以由如来藏心摄一切识境现象。

这样说正法与法,是即成立观修道,于道上不排除一切法异门,当然亦不应依任一法异门来诽拨正法,是即为摄受正法的道。

除此以外,这亦是说观修如来藏心之道。关于这点,在经文"自性清净心"一段,即有详说。

第三段,说摄受正法者与所摄持之正法无异。这即是说人与法无异,是为如来藏的特说。

摄受正法的人,应视为摄受正法的果,无论摄受者成就大小,甚至小到仅能信解,他都能得到摄受的利益,只须依十受来受持,便终能成就。

由说人法无异果,便顺理成章引入一乘为究竟的决定,如是转入下文。

第五个主题是入一乘。建立一乘亦是建立观修如来藏道。

这里分为两段,一是一乘之所摄;二是摄入一乘的义理。

说一乘之所摄,即是说声闻、缘觉、菩萨乘,三乘都摄入一乘。此中

003

又举两喻，用阿耨大池出八大河，比喻三乘的源头都是如来藏；用一切种子依于大地，比喻释迦所说一切法异门，皆由如来藏出。

说摄入一乘的义理，分为六义，详见经文及笔者"释义"所说。这段经文很长，其中最重要的是，指出二乘行人的现证不究竟，只知证空，不能生起无边功德；又说无明住地的力最大，非二乘证智所能断，亦非大力菩萨所能断；更强调大平等性，说为智慧平等、解脱平等、清净平等，这即是如来藏的根本思想，因为智境若不与识境平等，二者便不能双运。由是总结，唯有皈依于佛始为究竟，既皈依佛，即入佛乘，佛乘即是一乘。由一乘可得究竟如来法身，因此自然有无边真实功德。

第六个主题说无边圣谛。圣谛即是苦、集、灭、道，此即二乘教法。然而二乘行人落于法执，是故所证便落于边际。佛现证四谛智不落边际，所以是无边圣谛。由是二乘行人不能断无明住地，唯佛无边圣谛智能断；二乘行人不能生起一切功德，唯佛无边圣谛智能生起一切功德。

由上来所说种种，建立如来功德三种：本性清净、自相任运（成就识境自显现）、大悲周遍（周遍一切界大平等性）。宁玛派建立"三句义"，即依此而建立。

既建立一乘与无边圣谛，以下经文便正说如来藏。

第七个主题说如来藏。只成立如来藏是如来境界，关于如来藏种种则于下文更说。

这样成立如来藏十分重要，因为既说为境界，便不能将之理解为人与法的个体，是即既无"人我"、亦无"法我"，只能说为一种状态。

很奇怪的是，《胜鬘经》虽然这样成立如来藏，可是怀疑如来藏的人，却坚持个人的见解，一定要将如来藏看成是个体，并将之说为违反缘起。这种情形，可能是由于《胜鬘经》中这段经文太短的缘故，经文短，便不受重视。

第八个主题说如来法身,这是将法身与如来藏比较。佛内自证智境界即是如来法身;法身上有周遍一切界的识境生起,即是如来藏。所以法身只是智境,如来藏则是智识双运界。

依种种法异门来观修,不能现证如来法身,主要原因,是他们对圣谛的悟入取径有误。若始终落于识境来观修,即使自以为已经证入识境的空性,依然不能现证如来法身,甚至连悟入如来法身都不可得。由是依观修来说,便可以说有两种圣谛,即"作圣谛"与"无作圣谛"。作圣谛不能圆满四圣谛义,无作圣谛则能圆满。这样,便建立如来藏为究竟佛道。

第九个主题说空义隐覆真实,这主要是针对二转法轮所说空义而说。

二转法轮由超越缘生来说空性,所以说为"缘生性空"。对于性空,则说为"无自性空"。这即是说,对于一法,先由缘起来成立其成为有,那时的自性,便可以说是这重缘起性。然而,当这重缘起被超越之后,缘起性便被破坏了,由是这一法的自性即成为无有,如是便是"无自性",无自性则可定义为空性。

三转法轮由如来藏智说空则不同,如来藏智的空是建立本性自性空。一切法的自性都是如来藏智的本性,若将本性建立为空(如来藏空智),那么,一切法的自性便当然都是空性。因此,如来藏所定义的空性,实不须依据缘起来成立。

这样,如来藏空智便不会隐覆真实,可是二转法轮的空智,若未能入深般若波罗蜜多时,则可能由空义来隐覆真实,二乘的空义当然更隐覆真实。

所谓空义隐覆真实,即是只知一切诸法空性,而不知空义之外尚有真实。这一点实须要由"善取空"来理解,因此笔者在此即引《小空经》及《瑜伽师地论》来说善取空。若能理解何谓善取空,便能理解经中所说两种如来藏空性智,是即:

一、空如来藏智：如来藏与烦恼障不共住，是故烦恼可由如来藏智而空。因此这如来藏智便称为空如来藏智。这即是菩萨观修所证的智。

二、不空如来藏智：如来藏与如来法身功德共住，法身功德恒常，是故与如来藏智共住而不空，因此这如来藏智便称为不空如来藏智。这即是如来具足的法尔本智。

依两种如来藏智，由善取空，即知如来法身功德不空，是真实功德，而且恒常，这便是空义所隐覆的真实。复次，如来法身功德当然与如来法身相依，若功德真实，法身亦当然真实，所以如来法身亦是空义所隐覆的真实。

第十个主题是一谛。

释迦说四谛，若依如来藏见，只有灭谛离有为相，是第一义谛，其余苦、集、道三谛入有为相。若入有为相则是无常，故唯有灭谛是常，此即一谛。

建立灭谛为常，可依善取空而说。苦、集与道谛都是识境，至于灭谛则必为智境，因为一切烦恼皆由智来灭离，即使在无舍离而舍离的道法上，这无舍离便亦是智，所以灭谛便是善取空所余的真实，由是建立为常。

依此可知，一谛的建立，实由如来藏来建立。

第十一主题是一依。

这是承接一谛而说，因为一谛，是故一依，依于胜义，依于非虚妄法。

经中用生盲比喻凡夫，不见灭谛即无所依；用七日婴儿不见日轮比喻二乘，婴儿只能见光，不识光的本源是日轮，二乘见空，不识空的本源是如来藏本性。一乘则不然，能依一谛、能见本性，是故可见如来法身、可见如来法身功德。

这样便建立了一依，唯依一谛，唯依如来藏。

第十二主题是说颠倒真实。

凡夫有边见，由相依、相对二见而成有。有边见便成颠倒，所以执无常为常、执苦为乐、执无我为我、执不净为净。二乘则执无常、苦、无我、不净，相对凡夫来说，可以说是正见，亦可称为净智。

但若相对于一乘来说，二乘所执亦是颠倒，由如来法身及如来法身功德，可以建立常、乐、我、净，这不是由我执或法执而建立，实依法尔而建立，此亦即周遍法界的本然状态（境界），无有本体，因此便不同凡夫由"人我"而建立的常、乐、我、净；同时亦可以否定二乘由"法我"而建立的无常、苦、无我、不净。

总括来说，此即说凡夫由边见而生颠倒，二乘则由不知一谛，不生起一切功德而生颠倒，只有如来藏究竟真实、智识双运境界究竟真实。

第十三主题是自性清净心，这亦是说如来藏的究竟建立。

如来藏只是一个境界，若周遍法界来说，便是佛内自证智境及其功德双运的境界。但光是这样说，对观修行人没有帮助，因为行人所修的是心识，说法界如何如何而不说心识，则行人亦无所依止，所以便要建立如来藏心，是即自性清净心。

对自性清净心，则由生死依如来藏而说，由是可说，一切有为法实依于如来藏，且为如来藏所持，由是建立识境。

这样来建立识境，亦即建立有情心识，因为有情一切心行相，亦无非是识境。既然心识依如来藏，为如来藏所持，这样便可以建立如来法身为心，同时亦可以建立如来法身功德为心，心即是一。心的本性是如来法身，但由如来法身功德即可以显现一切心行相。能这样理解，便知何谓如来藏心，何谓自性清净心。

由此即可说如来藏心离本际、离生灭、离因缘。然而此心凡夫不识，二乘不知，大力菩萨亦未究竟，他们或有颠倒，或有空义隐覆真实，所以如来藏心便不显露。

如来藏心的显露,须由本觉而知。所谓本觉,即是离一切名言与句义的觉受,亦即无作的觉受。观修如来藏的行人所修的,便是令本觉生起,从而令如来藏心显露。所以说如来藏是法界藏、法身藏、出世间上上藏、自性清净藏。至于名言句义等分别,则是客尘烦恼,是客非主,所以可以尽除。

第十四主题说如来真子。

胜鬘说法已,释迦随喜,并说弟子若能随顺,由五种随顺法智,即能善巧方便观如来藏成就,是即如来真子,因为能得入大乘道因。

对于五种随顺法智,笔者于"释义"中已有解说,此处不赘。

最后,胜鬘说三种人能对深法不自毁伤,入大乘道。又说诸余众生会违背正法,那便是说如来藏教法深密,容易招谤。这可以说是对深密法的危机感,我们今日须深自警惕。

第十五主题说胜鬘狮子吼,是为结分,亦可说为嘱咐,经义随文易知。笔者于"释义"中亦已细说,于此不赘。

总结本经,由如来真实功德说起,然后归结至如来藏。对于如来藏,依本经所说,可归纳为以下五事:

1. 如来藏只是境界,不是个体,但这个境界亦有功能,说为如来法身功德。

2. 如来藏可说为智识双运境。所谓双运,即是智境无变易(不因识境而受污染)、识境无异离(识境中一切法都不离智境)。

3. 如来藏有常、乐、我、净四种功德,皆为法尔,亦即是如来藏境界自然而有的功能,无可诤论。

4. 如来藏智识双运境中,若分别智境识境来说,智境当然远离缘起,因为如来法身不可能落于识境的缘起,但识境则不离缘起,所以说识境随缘自显现。由于是随缘起而自显现，所以于双运境中，亦不能说断离缘起。

5. 如来藏境界具清净大平等性。先说清净，智境即是如来法身，所以法尔清净；识境依于智境，所以识境中一切法，本性清净。

至于大平等性，说为三种：一者，识境中一切界平等，而且是超越时空的平等，因为都是本性自性；二者，以本性自性故，所以智境与识境平等，由是可以说佛与众生平等；三者，如来法身功德平等，周遍一切界的识境，都可平等地依如来法身功德而成立。功德无有分别，无论什么时空的识境，都必须依现分（生机）、明分（区别）而成立。

由上来所说，便知欲入一乘，欲观修如来藏，须先由认识如来真实功德入手，这是观修的关键。胜鬘说三种人可以领受如来藏，便即是依其是否能领受如来真实功德而说。释迦嘱咐帝释与阿难，其实亦依此而说，所以说本经是"甚深微妙大功德聚"。

由于双运，如来藏教法实在是甚深辩证法，期望这教法能发扬光大，令人咸知佛家究竟见，不陷入唯心。

谈锡永

2012年8月

引 言

《胜鬘经》在汉地有三个译本：

1. 六朝刘宋求那跋陀罗（Guṇabhadra，功德贤 394—468）译，全称《胜鬘狮子吼一乘大方便方广经》（简称刘宋译）。

2. 北凉梁昙无谶（Dharmarakṣa，法丰 385—433）译，《胜鬘经》。已佚。

3. 唐菩提流志（Bodhiruci，觉爱 562—727，世寿 166 岁）译，《大宝积经·胜鬘夫人会》（简称唐译）。

三个译本以刘宋译最为真实，唐译则时有误解，所以现在就根据刘宋译来说本经，于说时并参考藏译。

藏译名 Lha mo dpal 'phreng seng ge'i nga ros zhas pa'i mdo，可汉译为《圣胜鬘夫人狮子吼大乘经》。译者为胜友（Jinamitra）、天王菩提（Surendrabodhi）、智经（Ye shes sde）。本经的梵本已佚，比对藏译经题可还原为 Ārya Śrīmālādevisiṃhanāda-nāma-mahāyānasūtra。刘宋译加"大方便方广"为题，应为译者所加，求那跋陀罗译经，时依己意修改经题。

现在解释经题，即依《胜鬘夫人狮子吼大乘经》此题而解。

经题用"狮子吼"（siṃhanāda）一词，实有密意。凡是佛经讲如来藏，讲了义大中观，就一定会用"狮子吼"这个名言。除此以外，就不能用狮子吼了。这可以说是佛讲经的一个规范。

狮子吼一词作经题，即是说，佛于此时所说的法，是一个最究竟、最了义的法。因为是最了义,所以就无可诤论。用狮子咆哮的声音来形容这本经,就是形容此经无可诤论。有如于狮子咆哮时,群兽慑服。

那么,什么叫"一乘"呢?一乘的意思就是佛乘,亦即三乘归于一乘的一乘(一佛乘),有时又说名为无上一乘。佛乘所讲的正好就是释迦所说的如来藏,法异门则有文殊师利所说的不二法门。这是佛及菩萨之所说,除佛、菩萨外,还有居士所说,那便是《维摩诘所说经》和本经了。说《维摩》的是男居士,本经则是女居士所说。

观修如来藏的教法,名为无上瑜伽,跟弥勒瑜伽行相应。从见地上来命名,这无上瑜伽可以称为"瑜伽行中观";若从相上来命名,宁玛派即称此无上瑜伽为"大圆满"。不过这些名相并非由释迦建立,而是由有成就的大修行者,为教授观修而作言说上的建立。但是,释迦于说一乘教法时,实在亦已说瑜伽行,所以在三转法轮的经典中,释迦既依见地施设如来藏,亦依观修施设瑜伽行,这便是释迦有说、有修、有证的作风。

近时有些唯识学人,认为三转法轮的经典主要是说唯识,而且说得比陈那菩萨粗糙,说如来藏只是为了开引外道,所以如来藏说不成体系。这种知见,实在是对三转法轮的诽谤。于三转法轮说唯识,只是于说瑜伽行时而说,亦即将唯识附从于瑜伽行之内。观修如来藏的瑜伽行,先由心识境界起修,然后无舍离而舍离心识境界,由是分别得到十地以至佛地的证智,唯识便是观修心识境界之所须。因此,如来藏教法必须说及唯识。先依唯识,然后超越唯识,这即是转识成智,亦即瑜伽行所说的转依,必须弄清楚这点,然后才能了解唯识与如来藏的关系。能得了解,才能全面了解一乘,不落偏见。

为了说清楚这问题,还可以举一个比喻。依唯识观修,有如学懂掘地;依如来藏教法观修瑜伽行,则有如着意发掘四重宝藏,这即是《圣入无分别总持经》之所说。掘地只是方法,知道掘四重宝藏才是见地。持方法来否定见地,必然大错,所以民国初年的唯识学者从来不否定如来藏,因为他们既已知道掘宝藏,便能了解掘地只是方法,只是为掘宝藏而施设的方便。

关于胜鬘夫人(Śrimālā)，她在佛经里面是一个很出名的人物。胜鬘夫人的父亲是舍卫的国王。舍卫国在印度当时是一个大国，胜鬘夫人的爸爸叫波斯匿王(Prasenajit)。

可是更有名的就是胜鬘夫人的妈妈了。胜鬘夫人的妈妈叫末利夫人(Mallikā)。有一个故事即是专说末利夫人。末利夫人是一个婢女，而且是平民家的婢女。有一天末利夫人做了一个梦，梦见自己会做国王的夫人。果然有一天波斯匿王去打猎，打猎的时候口渴了，就到民家去要茶。末利夫人当时还是婢女，就送茶给波斯匿王。波斯匿王见到末利夫人容貌端正，气质很好，就把她收为妃子。那为什么称为末利呢？故事是这么说了，就说末利夫人在当婢女的时候，她看守的花园名叫末利园，所以当了国王夫人之后，即依其出身称为末利夫人。

依《大法鼓经》所说，波斯匿王及末利夫人所信的佛法，为涅槃法，此即一乘教法。当时胜鬘夫人则信小乘化地部的教法，所以才有本经所说的化度因缘。

本经所讲的胜鬘夫人，喜欢用很多花鬘来作装饰，视之为法界的庄严，因此便称为胜鬘。相传胜鬘夫人嫁给阿踰阇国(Ayodhyā)的友称王，因受父母的影响，故而皈依佛教化地部。她供养五百个学者，称之为福田学者。意思是说供养这些学者等于自己造福自己，所以叫福田。

福田学者每一个门派都有，因此胜鬘夫人听了很多门派的哲学，包括外道的哲学，使自己混乱不堪。有一个故事说，有一天比丘愚到胜鬘夫人家去化缘，胜鬘夫人一看是一个比丘，就把比丘愚拉住，问他很多问题。胜鬘夫人想将所有关于外道和佛法的问题都向他请教。可是当胜鬘夫人提出一个问题，问到底是不是这样的时候，比丘愚就摇一摇头。胜鬘夫人问了差不多七八十个问题，比丘愚都是摇头。胜鬘夫人就不问了，便说："今天请你在我家接受供养吧。"然后就离开了。

比丘愚在胜鬘夫人家住了一天。第二天胜鬘夫人出来对他顶礼，并说，我心中有很多问题，我昨天问你，你把我的问题一一否定，所以昨天我睡觉的时候就想，为什么你否定我所问的东西呢？我终于想明白了，因为我所问的都是不究竟的法，究竟的法就是把这些东西通通都否定掉就对了。胜鬘夫人因此对比丘愚作大供养。

比丘愚后来回到自己的僧团。其他的比丘就问他，你为什么这么厉害，能让胜鬘夫人作大供养。比丘愚就说：哪里是，只是因为我小便很急，她问我问题时，我忍不住打尿颤，不断地打，所以她便以为我在摇头，其实她说什么，我根本没有听到。

这个故事其实有很深刻的含义。就是说很多东西，很多识境中（我们的现实世界）的东西，我们使劲去思考它，无论是肯定还是否定，都是错。因为这些东西根本就属于智识双运界，是智境中显现出来的，原来就超越了我们的心识思维与分别。所以我们若对之肯定，那便是堕入心识的层次。可是，我们亦不能对之作简单的否定，因为它们在识境中绝对真实，所以这否定亦应受到否定。这样，就是佛家所说的"非有非非有"了。

故事中胜鬘夫人向比丘愚问法，只见他在摇头，以为他是否定自己的肯定、否定自己的否定，并由是而得入正见。讽刺的是，比丘愚其实只是打一个哆嗦而已，他连胜鬘提出的问题都没有听到，亦不是故意不听，这真的可以说是无舍离而舍离，舍离言说，然而比丘愚却又连作意离言亦不是。所以这个故事，实在耐人寻味。

对于许多佛经中的故事，我们实在都要了解故事背后的密意，并不能轻轻付诸一笑。

现在回说经题，整个经题——《胜鬘夫人狮子吼大乘经》，所包含的密意便是，胜鬘夫人依一乘教法的方便施设，来演说究竟了义的一乘佛法。一乘佛法可以统摄三乘，可以统摄一切法异门，有如狮子吼可以统摄群兽的吼声。

这本经是由一位女居士来说法,即显示大平等性。佛经应由佛说,如今由居士来说,得佛认可,是即居士之所说等同佛说;古代男女不平等,释迦随顺世间,于说小乘法的时候,有说女人要转为男身才可以成佛,所以由女居士来演绎如来密意的经,便等于说女身亦可成佛。在本经中,胜鬘夫人的地位,其至比维摩诘居士还要殊胜,因为维摩还是一位男居士,胜鬘则是女居士。胜鬘说法,有如无相而说,无相而显示为相,而且还显示为女人相,如来藏的密意已昭然若揭。如来法身无相,但却可以随缘显现为识境,由是而成有相,有相而随缘,是则如来法身示现为女人相又有何不可。胜鬘的示现即是此义。于此中已等于显示了心性与法性双运,而且是大平等双运,因为法性虽然无相,但心性则必然有相。

本经第十五品,说十五种受持,这即是本经的内容,由是本经亦可以分为十五个段落,兹依经文将之分别排列如下:

1. 赞叹如来真实第一义功德,如是受持。
2. 不思议大受,如是受持。
3. 一切愿摄大愿,如是受持。
4. 说不思议摄受正法,如是受持。
5. 说入一乘,如是受持。
6. 说无边圣谛,如是受持。
7. 说如来藏,如是受持。
8. 说法身,如是受持。
9. 说空义隐覆真实,如是受持。
10. 说一谛,如是受持。
11. 说常住安隐一依,如是受持。
12. 说颠倒真实,如是受持。
13. 说自性清净心隐覆,如是受持。
14. 说如来真子,如是受持。

15. 说胜鬘夫人狮子吼，如是受持。

刘宋译在公元五世纪初，这时还是龙树教法的流行年代，于此时期，龙树的如来藏教法早已广弘，此见于多罗那他《印度佛教史》所说。由本经的翻译年代，亦可以作为旁证，五世纪时翻译本经，便说明本经并不是五世纪时才流行，所以广说一乘如来藏的经典，极可能在三世纪时已经弘播，这便跟多罗那他所说相合。

此外，我们不能将弘播时期与说法时期等同，释迦说法，虽说而未实时广弘，这情形甚多，譬如二转法轮时的理趣般若，广弘的时期，恐怕已在公元三世纪。其他法门的传播亦然如是，即如密乘的法，先广弘下三部密，此时并不等于无上密不存在。必须如此理解，对经法才能不生诽谤。倘如说，如来藏是由后人发展出来，而且分别为初期、中期、后期的如来藏思想，那便是认为释迦对自己所说的法门仍未澈底理解，他只是施设如来藏这个名言，还要后人来慢慢发展如来藏思想。这种将佛家教法等同科学发明的态度，自以为可以跟西洋哲学比附，可是却忘记了释迦所证的是一切种智。

其实可以说，正说如来藏的经典，最早的还是文殊师利经典系列，亦即妙吉祥不二法门。讲不二法门的经翻译得更早，就证明这些讲如来藏的经流行得更早，可能在公元一世纪前，就已经非常流行了，因为说不二法门的经，跟般若系列经典是差不多同一个时期被推广出来。

由是如来藏的学说，可以看成是龙树所说的大中观，此如龙树在《七十空性论》《法界赞》《菩提心释》中所说。现在有人把了义大中观说成是公元七世纪时才出现的法门，即是将佛家教法等同西方科学发明的谬说。

同时，西方学者说瑜伽行中观，是把瑜伽行与中观结合起来，这说法虽然有人接受，但却只是依自己曲解的宗见，只是依名取义的推理，在经典中没有根据。如果了解如来藏教法，便知道所谓瑜伽行中观，其实是依大中观见来修瑜伽行,其见修必须如此配合才能说是观修如来藏。那即是说,如果想观修如来藏,则必须依瑜伽行中观而作观修,是故便不能依名取义,将瑜伽行中观看成是瑜伽行外加中观。

以上所谈,对理解本经应有帮助。

前　分

一、如来真实功德

【刘宋译】如是我闻,一时佛住舍卫国祇树给孤独园,时波斯匿王及末利夫人,信法未久,共相谓言:胜鬘夫人是我之女,聪慧利根通敏易悟,若见佛者,必速解法心得无疑,宜时遣信发其道意。夫人白言:今正是时。

【唐译】如是我闻,一时佛在舍卫国祇树给孤独园,时憍萨罗波斯匿王及末利夫人,初证法已,共相谓言:我女胜鬘,慈晤聪愍多闻智慧,若见如来,于甚深法速能解了无诸疑惑,我今应当令善谕者发其诚信。

【释义】《胜鬘狮子吼经》一开始便说"如是我闻",这是大乘佛经的一个常见的结构。"如是我闻"称为证信,因为诸经都由阿难尊者记诵。说"如是我闻",即是阿难尊者的证信:我之所闻,实为如是。

"如是我闻"证信之后,就说到当时波斯匿王及末利夫人两人证一乘佛法未久,他们想到自己的女儿,觉得自己的女儿还年轻,且聪慧利根通敏易悟,如果她得以见到一乘佛法,就一定比他们自己更容易领悟。

以上所说,即为本经的说法因缘。

【刘宋译】王及夫人与胜鬘书,略赞如来无量功德。即遣内人名旃提罗,使人奉书至阿踰阇国,入其宫内敬授胜鬘。胜鬘得书欢喜顶受,读诵受持,生希有心,向旃提罗而说偈言:

　　　　　　　我闻佛音声　　世所未曾有
　　　　　　　所言真实者　　应当修供养

仰惟佛世尊　　普为世间出
亦应垂哀愍　　必令我得见

即生此念时　　佛于空中现
普放净光明　　显示无比身

胜鬘及眷属　　头面接足礼
咸以清净心　　叹佛实功德
如来妙色身　　世间无与等
无比不思议　　是故今敬礼
如来色无尽　　智慧亦复然
一切法常住　　是故我归依
降伏心过恶　　及与身四种
已到难伏地　　是故礼法王
知一切尔焰　　智慧身自在
摄持一切法　　是故今敬礼
敬礼过称量　　敬礼无譬类
敬礼无边法　　敬礼难思议
哀愍覆护我　　令法种增长
此世及后生　　愿佛常摄受
我久安立汝　　前世已开觉
今复摄受汝　　未来生亦然
我已作功德　　现在及余世
如是众善本　　唯愿见摄受

【唐译】作是议已，王及夫人即便作书，称扬如来真实功德，时遣一使名真提罗，奉持王书诣无斗城，授胜鬘夫人。时胜鬘夫人，发书寻绎，顶受忻庆生希有心，向真提罗而说偈言：

我闻如来声　　世间颇难遇

斯言若真实　　当赐汝衣服
若彼佛世尊　　为利世间现
必应见哀愍　　令我觌真相

言念须臾顷　　佛于虚空中
现不思议身　　普放大光明

胜鬘及眷属　　皆悉来集会
合掌瞻仰礼　　称赞大导师
如来妙色身　　世间无与等
无比不思议　　是故今敬礼
如来色无尽　　智慧亦复然
一切法常住　　是故我归依
善调心过恶　　及与身四种
到不思议地　　故我今敬礼
知诸尔炎法　　智身无罣碍
于法无忘失　　故我今敬礼
稽首过称量　　稽首无伦等
稽首法自在　　稽首超思惟
哀愍覆护我　　令法种增长
逮及最后身　　常在如来前
我所修福业　　此世及余生
由斯善根力　　愿佛恒摄受

【释义】波斯匿王及末利夫人因此就让一个叫旃提罗的人去见胜鬘，书中应当说及一乘佛法及其要点，所以胜鬘夫人见了，才会心生欢喜，对佛作供养。

胜鬘夫人的颂其实也就是供养。胜鬘夫人的父母让她学一乘佛法，胜鬘夫人就由此一乘佛法，感悟佛悲愍众生，我若对此一乘佛法生信，是即必能见佛。胜鬘夫人一生此念，佛就在空中出现了。在这里，胜鬘夫人自念必能见佛，未必是想见到佛的色相，通达一乘教法即可以说是见如来法身，然而经中，却说其所见为佛的妙色身了。关于这点，亦有密意，此于下来当说。

于是，"胜鬘及眷属，头面接足礼"，这便是顶礼佛足，是为印度最尊敬的顶礼。以此顶礼，由清净心赞叹如来真实功德。

悟入如来真实功德，是观修如来藏所必须。行者住在识境，若直接悟入智境并不容易，是故先须悟入如来真实功德。此如住在荧光屏影像世界的人，很难知道荧光屏的存在，但要知道荧光屏的功能却比较容易，当能知道荧光屏的功能得令影像世界显现时，便可以由荧光屏的功能得知荧光屏的存在。以此为喻，即知行者须先悟入如来真实功德，然后才能悟入如来法身（智境）。

如来法身真实功德有四种：

一、"如来妙色身，世间无与等，无比不思议，是故今敬礼。"这个颂是赞叹如来的色身，但同时亦赞叹如来的法身。如来法身不成显现，因为已离世间的识境，是故即非识境中的人所能认知。然而，这法身却可以藉色身而成显现。色身有二：一为化身；一为报身。我们的世间，一切众生及一切法均为化身显现；诸佛净土，其情器世间即为报身显现。化身、报身的显现都可以说为识境的显现，其所显现可以称为"妙色"。说"世间无与等"，只是处下位的世间对处上位世间的称赞，若实质而言，我们的世间其实亦是妙色，假如地狱中人看我们的世间，那就必然赞叹为妙色无疑。

然而进一步来说，"如来妙色身"的密意实说如来藏义，色身是识境，因识境依于智境而成显现，故此色身即可依智而说为妙，是即如来藏的智境与识境双运。若依智识双运而见识境，则此识境便可以说为"世间无与等，无比不思议"。因为相对来说，世间有情只依心识来见世间，现在悟入一佛乘，便能离有情的心识而见世间，所见虽为同一世间，但见地即有不同。今胜鬘夫人之所见，既由智识双运而见，所见自然无与等伦。这即可以说为颂文的密意。

这个颂,是说如来法身真实功德可以成就世间,一切世间都在此功德中任运圆成,这可以说如来法身功德即是生机,以具有生机故,一切世间才能依如来法身而成显现。

这项功德,可以说为大悲,亦可以说为大乐。

二、"如来色无尽,智慧亦复然,一切法常住,是故我归依。"这个颂是赞叹如来法身周遍,如来法身功德亦当然周遍,以周遍故,即可以说智境无尽,识境无尽。这无尽功德一定恒常,因为我们不能说如来法身会断灭,法身不断灭,他的功德自然也不断灭,由法身功德所成的世间,自然亦不能说有断灭,因此说一切法常住。说一切法常住并非否定识境的生灭现象,只是说如来法身功德无尽。

这项功德,可以说为常。

三、"降伏心过恶,及与身四种,已到难伏地,是故礼法王。"这个颂是赞叹如来法身功德能作调伏。一切有情成立自我,都由心以及四大种身而成立,由心成立受想行识四蕴,由四大种身成立色蕴。由此五蕴成立自我,实在是由分别成立自我,由于有分别,因此即有我与我所。

所谓调伏,其实即是去除分别。行者住在识境中,实在不能脱离对事物作分别,不过,识境中的分别,实基于识境中的名言与句义而起,因此,若能名言句义尽,则识境的分别同时亦尽。此时,人对一切法的区别便可称为了别,而不说为分别。这种了别,在如来法身功德中称为明分,行者得现证明分(亦即能名言句义尽而了别一切法),便住入明空境界。于此时际,周遍一切法大平等,由离分别而得平等,如是如来法身连同法身上显现的一切识境,悉皆平等,以平等故,以无分别故,即可以称为大我。

这项功德,可以说为我。

四、"知一切尔焰,智慧身自在,摄持一切法,是故今敬礼。"这个颂是称赞如来法身为佛内自证智境。颂中所说的"尔焰",为梵文jñeya的音译,意为境界,特别指智慧的境界。说"一切尔焰",即说佛的一切种智；说"智慧身"，即说如来法身。周遍一切界的识境，都在如来法身上随缘自显现，因此便说智境"摄持一切法"。

由于智境摄持一切识境，所以一切识境的自性必然即是智境的自性，此如荧光屏上影像的自性，必然即是荧光屏的自性，此即称为"本性自性"。如来法身当然清净，是故一切识境的自性亦必然清净，亦可以说一切诸法本性自性清净。

这项功德，可以说为净。

上来所说如来法身四种真实功德，即是如来藏的四种功德，分别为乐、常、我、净。

以下颂文即请佛摄受。

"我久安立汝"一颂为释迦牟尼的答颂。说已久安立，即非现时才安立。下文说"前世已开觉，今复摄受汝，未来生亦然"，这亦同一意思。佛安立有情，令有情开觉，实超越三时。为什么可以超越三时？因为一切有情本具佛性，心性亦本为觉性，由于有情的心性为名言句义所蔽，由是而起分别，是故佛性即不显露，觉性亦依分别而成为分别心，然而佛性与觉性依然具在，并不因受污染而消失，所以可以由离分别而令觉性与佛性显露。只是显露，并非新得，所以佛即称为"开觉"。

二、十受

【刘宋译】尔时,胜鬘及诸眷属,头面礼佛。佛于众中即为受记:汝叹如来真实功德,以此善根,当于无量阿僧祇劫,天人之中为自在王,一切生处,常得见我,现前赞叹如今无异。当复供养无量阿僧祇佛,过二万阿僧祇劫,当得作佛,号普光如来应正遍知。彼佛国土,无诸恶趣、老病衰恼、不适意苦,亦无不善恶业道名。彼国众生、色力寿命五欲众具,皆悉快乐胜于他化自在诸天。彼诸众生,纯一大乘,诸有修习善根众生皆集于彼。胜鬘夫人得受记时,无量众生诸天及人愿生彼国,世尊悉记皆当往生。

【唐译】时胜鬘夫人说此偈已,及诸眷属一切大众,顶礼佛足。尔时,世尊即为胜鬘而说偈言:

　　　　我昔为菩提　　曾已开示汝
　　　　今复值遇我　　及来世亦然

说此偈已,即于会中,授胜鬘夫人阿耨多罗三藐三菩提记,汝今称叹如来殊胜功德,以此善根,当于无量阿僧祇劫,天人之中为自在王,诸所受用皆悉具足,所生之处常得遇我,现前称叹如今无异,复当供养无量无数诸佛世尊,过二万阿僧祇劫,当得作佛,号曰普光如来应正等觉,彼佛国土无诸恶趣衰老病苦,亦无不善恶业道名,其中众生形色端严,具五妙境纯受快乐,蔽于他化自在诸天,彼诸众生皆趣大乘,诸有如是学大乘者,悉来生彼。时胜鬘夫人得授记已,无量天人心怀踊跃,咸愿往生彼佛世界,是时世尊皆与授记当生彼国。

【释义】胜鬘夫人及诸眷属,既见如来妙色身,即向之顶礼,于是佛即对胜鬘夫人授记。所谓授记(vyākaraṇa),即是对成佛的预言。今佛预言胜鬘夫人先成人天中的自在王,供养无量无数诸佛,经二万阿僧祇劫而成佛。佛的名号,汉译为"普光",若依藏译,则可还原梵文为samanta-bhadra,此梵字通常译为"普贤",意指大悲周遍,是即依如来法身而成立的识境周遍,此亦即如来藏义。依此佛号,即是说,胜鬘夫人当由现证如来藏而得成佛。

【刘宋译】尔时,胜鬘闻受记已,恭敬而立受十大受。

【唐译】时胜鬘夫人闻佛记已,于如来前合掌而立,发十弘誓,作如是言:

【释义】佛授记后,胜鬘夫人即发十受。受,即是誓,依誓受持,所以在这里胜鬘夫人所发的十受,即有依誓受持佛法之意,由受持义,故可将誓译为受,这是很好的翻译。

十受之中,以最后一受,"摄受正法"为根本,其余九受可以视为支分。亦即唯能受此九受,才可以圆成摄受正法一受。

【刘宋译】世尊,我从今日乃至菩提,于所受戒不起犯心。

【唐译】世尊,我从今日乃至菩提,于诸受戒不起犯心。

【释义】胜鬘夫人的十受,实依《瑜伽菩萨地戒品》,根本四重戒为:自赞毁他;吝惜财法;损恼有情;毁法崇邪。此说甚合,今即依此而说。

胜鬘的第一受,誓言守所受戒,是即十受之总说。

【刘宋译】世尊,我从今日乃至菩提,于诸尊长不起慢心。

世尊,我从今日乃至菩提,于诸众生不起恚心。

世尊,我从今日乃至菩提,于他身色及外众具不起疾心。

【唐译】世尊,我从今日乃至菩提,于诸师长不起慢心。

世尊,我从今日乃至菩提,于诸众生不起恚心。

世尊,我从今日乃至菩提,于诸胜已及诸胜事,不起妒心。

【释义】此三受即是不"自赞毁他"。

【刘宋译】世尊,我从今日乃至菩提,于内外法不起悭心。

世尊,我从今日乃至菩提,不自为己受畜财物,凡有所受,悉为成熟贫苦众生。

世尊,我从今日乃至菩提,不自为己行四摄法,为一切众生故,以不爱染心、无厌足心、无罣碍心、摄受众生。

世尊,我从今日乃至菩提,若见孤独、幽系、疾病、种种厄难、困苦众生,终不暂舍,必欲安隐,以义饶益令脱众苦,然后乃舍。

【唐译】世尊,我从今日乃至菩提,虽有少食不起悭心。

世尊,我从今日乃至菩提,不自为己受畜财物,凡有所受为济贫苦有情之类。

世尊,我从今日乃至菩提,不求恩报行四摄事,无贪利心,无厌足心,无限碍心,摄受众生。

世尊,我从今日乃至菩提,见诸众生无有依怙,幽系疾恼种种危厄,终不舍离必愿安隐,以善饶益令免众苦。

【释义】此四受即是不"恪惜财法"。

第七受说的四摄,即布施、爱语、利行、同事。菩萨行此四事摄受众生。

【刘宋译】世尊,我从今日乃至菩提,若见捕养众、恶律仪及诸犯戒终不弃舍,我得力时,于彼彼处见此众生,应折伏者而折伏之,应摄受者而摄受之。何以故?以折伏摄受故令法久住。法久住者,天人充满、恶道减少,能于如来所转法轮而得随转,见是利故,救摄不舍。

【唐译】世尊,我从今日乃至菩提,若见一切诸恶律仪,毁犯如来清净禁戒,凡我所摄城邑聚落,应调伏者而调伏之,应摄受者而摄受之。何以故?以调伏摄受故,则正法久住,正法久住故,天人充满、恶道减少,能令如来法轮常转。

【释义】此大受即不"损恼有情"而饶益有情。

【刘宋译】世尊,我从今日乃至菩提,摄受正法终不忘失。何以故?忘失法者则忘大乘;忘大乘者,则忘波罗蜜;忘波罗蜜者,则不欲大乘;若菩萨不决定大乘者,则不能得摄受正法欲,随所乐入,永不堪任越凡夫地。我见如是无量大过,又见未来摄受正法菩萨摩诃萨,无量福利,故受此大受。

【唐译】世尊,我从今日乃至菩提,摄受正法终不忘失。何以故?忘失正法则忘大乘,忘大乘者则忘波罗蜜,忘波罗蜜者则舍大乘,若诸菩萨,有于大乘不决定者,摄受正法则不坚固,便不堪任超凡夫境,则为大失。世尊,现在未来,摄受正法诸菩萨等,具足无边广大利益,发斯弘誓。

【释义】此最后一受即不"毁法崇邪"而摄受正法。

在这里,说及摄受正法的功德。

经文说:若忘失正法则忘失大乘,若忘失大乘则忘失波罗蜜多。这即是说,若忘失如来藏,则连二转法轮所说的波罗蜜多亦不可得。是知摄受正法的功德,即在于连二转法轮的教法亦可受持。

所以此处所说的十受,不但是证入如来藏的根本,亦是证入佛说一切法异门的根本。所以能成为根本,正由于受持正法,由此即有摄受正法的功德生起。

依此理解,便可以引起下文说"摄受正法"此一主题。

【刘宋译】法主世尊,现为我证,唯佛世尊现前证知,而诸众生善根微薄,或起疑网,以十大受极难度故,彼或长夜非义饶益不得安乐,为安彼故，今于佛前说诚实誓，我受此十大受如说行者，以此誓故于大众中，当雨天花出天妙音。说是语时，于虚空中，雨众天花出妙声言。如是，如是，如汝所说，真实无异。彼见妙花及闻音声，一切众会疑惑悉除，喜踊无量而发愿言，恒与胜鬘常共俱会，同其所行。世尊悉记一切大众如其所愿。

【唐译】圣主世尊虽复证知，而诸有情善根微薄，或起疑网，以十弘誓难成就故，彼或长夜习不善法，受诸苦恼，为欲利益如斯众生，今于佛前发诚实誓。世尊，我今发此十弘誓愿，若实不虚，于大众上，当雨天花出天妙音。胜鬘夫人于如来前作斯言已，时虚空中即雨天花出天妙音，叹言：善哉胜鬘夫人，如汝所说真实无异。尔时，众会既覩斯瑞，无诸疑惑，生大欢喜，同声唱言：愿与胜鬘夫人所生之处同其愿行。时佛世尊悉记大众如其所愿。

【释义】胜鬘夫人发十大受后，请佛作证，此十大受为诚实誓。请佛作证的目的，是令众生知道，必须以十大受为根本，然后才可以摄受正法、观修正法、护持正法，若无佛作证，则众生可能对此十大受轻慢，甚至生疑。于是虚空中即雨天花出微妙音，为胜鬘夫人的十大受作证。与会诸众，都愿跟胜鬘夫人一起，依此受持而行。由是引发下文所说的三愿。

三、三愿

【刘宋译】尔时,胜鬘复于佛前发三大愿而作是言,以此实愿安隐无量无边众生:以此善根于一切生得正法智,是名第一大愿;我得正法智已,以无厌心为众生说,是名第二大愿;我于摄受正法,舍身命财护持正法,是名第三大愿。尔时,世尊即记胜鬘,三大誓愿如一切色悉入空界,如是菩萨恒沙诸愿,皆悉入此三大愿中,此三愿者真实广大。

【唐译】尔时,胜鬘夫人复于佛前发三弘愿,以兹愿力,利益无边诸有情类。第一愿者,以我善根,于一切生得正法智;第二愿者,若我所生得正智已,为诸众生演说无倦;第三愿者,我为摄受护持正法,于所生身不惜躯命。尔时,世尊闻斯愿已,告胜鬘言:如一切色悉入空界,如是菩萨恒沙诸愿悉入兹愿,此三愿者真实广大。

【释义】上面所发十大受,亦可以说是持戒,以誓能受持为戒。现在发三大愿,则是愿望。这三大愿依基、道、果而说,希望由此三真实愿"安隐无量无边众生"。

第一愿:依基而发愿。安隐众生的基则是正法智。这里所指的正法智,即是如来藏智。胜鬘夫人愿生生世世皆由善根力得正法智,这是安隐利益众生的基础。也就是说,若不得正法智,所行利生事业皆非究竟,因为未得一切功德。

第二愿:依道而发愿。行菩萨道即须利益众生,所以要为众生说法。胜鬘夫人愿得正智已,然后说法,是即以正法利益众生,也即是用如来藏教法来利益众生,令众生得究竟见。由此可知,以正法利益众生,比用法异门利益众生为胜。

第三愿：依果而发愿。既摄受正法，是即有正法智果可得，既得果已，即须守护此果法，所以说要"舍身命财护持正法"。观修如来藏是果乘教法，凡所观修皆依如来藏果而施设，所以道即是果，护持正法既是菩萨道，亦是摄受果法。

这三大愿既依基、道、果而发，是故广大，因此释迦即对此三大愿作加持，谓"菩萨恒沙诸愿，皆悉入此三大愿中"，有如一切色法，皆入于虚空。由释迦作此加持，即知此三大愿之殊胜。胜鬘说如来藏为正法，说如来藏智为正法智，释迦亦以三大愿为郑重，由此可知，如来藏教法绝不可能是为了开引外道而施设，若仅为开引外道，何需如此郑重。

正　分

四、摄受正法

【刘宋译】尔时,胜鬘白佛言:我今当复承佛威神,说调伏大愿真实无异。

【唐译】尔时,胜鬘夫人复白佛言:世尊,今当承佛威神辩才之力,欲说大愿,幸垂听许。

【释义】依藏译本,此句应译为:

> 尔时,胜鬘白佛言:我今当复承佛威神,为他人说〔摄受正法〕此境界。

藏译较二汉译为胜。

本段经文承上来三愿而说,已说摄受正法之愿为依果而说,既摄受正法,便应说摄受正法种种境界,由是开展下文。

下文总说可分为三段:

一、由摄受正法之愿,摄一切愿;

二、摄受正法,即与法无二,是故摄持如来藏,一切法异门以及一切识境即与如来藏境界无二;

三、摄受正法者,与所摄持之正法无二,是故摄持如来藏的行人,即与如来藏所显的境界无二。

【刘宋译】佛告胜鬘:恣听汝说。

胜鬘白佛:菩萨所有恒沙诸愿,一切皆入一大愿中,所谓摄受正法,摄受正法真为大愿。

佛赞胜鬘:善哉,善哉,智慧方便甚深微妙,汝已长夜植诸善本,来世众生久种善根者,乃能解汝所说,汝之所说摄受正法,皆是过去、未来、现在诸佛已说、今说、当说。我今得无上菩提,亦常说此摄受正法。如是我说摄受正法,所有功德不得边际,如来智慧辩才亦无边际。何以故?是摄受正法有大功德,有大利益。

【唐译】佛言胜鬘:恣汝所说。

胜鬘夫人言:菩萨所有恒沙诸愿,一切皆入一大愿中,一大愿者,所谓摄受如来正法,如是摄受正法,真实广大。

佛言:善哉,胜鬘,汝久修习,智慧方便甚深微妙,有能解了汝所说义,彼于长夜植诸善本。如汝所说摄受正法,皆是过去未来现在诸佛,已说、今说、当说。我得无上正等菩提,亦复常以种种相说摄受正法,如是称扬摄受正法,所有功德无有边际,如来智慧亦无边际。何以故?是摄受正法有大功德,有大利益。

【释义】今说第一段,由摄受正法之愿摄一切愿。

所谓摄受正法,菩萨恒河沙数一切愿,都入受持正法一愿中。也可以说,恒河沙数一切愿都依受持正法为根本。这里虽然没有说哪一个法门是正法,依本经所言,所谓正法当然即是如来藏法门,这就是以如来藏法门为根本,统摄一切法异门。

释迦赞叹胜鬘,"智慧方便甚深微妙",要深植善根才能了解其所说。并且说,胜鬘所说的摄受正法,为三世诸佛所说,亦为释迦所常说,是故胜鬘所说,其功德无有边际,因为佛之所说,由种种法异门而说,其智慧亦无有边际。

所以对释迦的赞叹应该这样理解:佛虽常说正法,但却并非正说如来藏,并非唯依如来藏此名言,他实在是依种种法异门而说(所以唐译中有此一句:"亦复常以种种相说摄受正法"),此即佛的智慧辩才无有边际。对胜鬘所说的"摄受正法"必须如此理解,才能理解何以菩萨一切愿皆悉摄入此大愿。

【刘宋译】胜鬘白佛：我当承佛神力，更复演说摄受正法广大之义。

佛言：便说。

胜鬘白佛：摄受正法广大义者，则是无量，得一切佛法，摄八万四千法门。譬如劫初，成时普兴大云，雨众色雨及种种宝，如是摄受正法雨，无量福报及无量善根之雨。

【唐译】时胜鬘夫人复白佛言：世尊，我当承佛威神之力，更复演说摄受正法广大之义。

佛言：听汝所说。

胜鬘夫人言：摄受正法广大义者，为得无量一切佛法，乃至能摄八万行蕴。譬如劫初，兴诸色云、雨众宝雨，如是摄受正法善根之云，能雨无量福报之雨。

【释义】今说第二段，摄受正法，与法无二。此中说四譬喻。

第一个譬喻，云雨喻。

在这段经文中，便说到如来藏法门可摄无量一切佛法，乃至八万四千法门。所谓八万四千法门，即对贪瞋痴的调伏①，是即种种法异门。

为显示如来藏是佛法的根本，便以劫初时"兴诸色云、雨众宝雨"为喻，是即成立识境的根本。如来藏由识境的显现而知如来法身智境，那些识境的显现，即如劫初的云雨。由是便说明，摄受正法可得悟入智识

---

① 在《贤劫经卷二·诸度无极品第六》中记载，佛陀应喜王菩萨所请，慈悲回答关于菩萨行者应如何修习并速得成就种种解脱法门。佛陀答言："佛德具有三百五十种行门，一一门中皆修六度（布施、持戒、忍辱、精进、禅定、般若）为因，便有二千一百诸度，以此诸度对治四大六衰之患（四大：地大、水大、火大、风大。六衰：色、声、香、味、触、法等六尘，能衰捐善法故），便为二万一千诸度。再以二万一千诸度对治四种心病（贪、瞋、痴及等分有情。等分者，谓贪、瞋、痴三心一齐而起），便有八万四千诸度。其中，治多贪病二万一千，治多瞋病二万一千，治多痴病二万一千，三毒等分二万一千，合计即为八万四千。"

隋代慧远大师对八万四千法门作的注解如下："诸佛菩萨普度众生，有三百五十个法门，每一个法门里面，各具布施、持戒、忍辱、精进、禅定、智慧六度，共成二千一百度法门。每一法门当中，皆能降伏众生的四大（地、水、火、风）六尘（色、声、香、味、触、法），如此就有二万一千法门，这二万一千个法门又对治众生的欲、有、见、无明等四种毛病，于是二万一千乘四就是八万四千法门。"法门有八万四千，正好对治八万四千的烦恼。

双运，积智慧福德资粮。在经文中，智慧资粮说为"摄受正法善根之云"；福德资粮说为"能雨无量福报之雨"（此依唐译）。

【刘宋译】世尊，又如劫初成时有大水聚，出生三千大千界藏及四百亿种种类洲。如是摄受正法，出生大乘无量界藏，一切菩萨神通之力，一切世间安隐快乐，一切世间如意自在，及出世间安乐，劫成乃至天人本所未得，皆于中出。

【唐译】世尊，又如劫初大水之中，能生三千大千界藏及四百亿种种类洲，如是摄受正法，出生大乘无量界藏，并诸菩萨神通之力，种种法门，一切世间及出世间，安乐具足，一切天人所未曾有。

【释义】第二个譬喻，大水聚喻。

胜鬘复以大水聚为喻，于大水聚中，生出四部洲及小洲，这便是以大水聚比喻如来法身生一切情器世间，所以接着说，"如是摄受正法，出生大乘无量界藏"等。这便是说摄受正法与法无二，此所谓"法"，即世间一切诸法之法。佛说种种法异门，亦可以说是"法"，所以便说"出生大乘无量界藏"。

我们读佛经，常常将一切诸法的"法"，跟佛所说的"法"，分别对待，视二者为不同，其实不然。一切诸法不只包含现象界的法，实亦包含概念界的法，所以情器世间一切事物与思维，都包含在"法"的范围之内。佛所说的法，由言说来表达，所以便成为概念界的法，因此，亦在一切诸法的范围之内。如这样来理解，便是依如来藏的见地来理解。如来法身不成显现，所以不在一切诸法的范围，可是当如来法身以其功德成立识境时，便成立了一切诸法。佛依识境的言说而说法，自然就是智境上的识境自显现，因此便可以说"大乘无量界藏"等，"皆于中出"。

这里说"皆于中出"的，共有五种，依唐译为：

一、大乘无量界藏；

二、一切菩萨神通力；

三、种种法门；

四、一切世间及出世间安乐具足；

五、一切天人所未曾有。

由此五种，即知笔者于上面之所说。

【刘宋译】又如大地持四重担。何等为四：一者大海、二者诸山、三者草木、四者众生。如是摄受正法，善男子、善女人，建立大地堪能荷负四种重任，喻彼大地。何等为四：谓离善知识无闻非法众生，以人天善根而成熟之；求声闻者授声闻乘；求缘觉者授缘觉乘；求大乘者授以大乘。是名摄受正法，善男子、善女人，建立大地堪能荷负四种重任。

世尊，如是摄受正法善男子、善女人，建立大地堪能荷负四种重任，普为众生作不请之友，大悲安慰哀愍众生，为世法母。

【唐译】又如大地荷四重担。何等为四：一者大海；二者诸山；三者草木；四者众生。如是摄受正法诸善男子及善女人，堪能荷负四种重任逾彼大地。何等为四：谓离善友无闻非法，诸有情类，以人天善根而成熟之；求声闻者授声闻乘；求独觉者授独觉乘；求大乘者授以大乘，是名摄受正法。诸善男子及善女人，堪能荷负四种重任逾彼大地。

世尊，如是摄受正法，善男子、善女人等，建立大地，堪能荷负四种重任，普为众生作不请友，大悲利益哀愍有情为世法母。

【释义】第三个譬喻，大地重担喻。

大地有四重担：大海、诸山、草木、众生。这是分别比喻离善友、无闻、非法、诸有情。由摄受正法，即对此四者加以救度，这便是摄受正法者的重担。离善友的人比喻为大海，即是说他的师友都不是善知识，是即无所依止；无闻即是一阐提，亦即对佛法无闻的人，比喻为诸山，即是说他们的心理负担其实很重；非法即是外道，比喻为草木，形容外道众多，品类复杂；众生即是诸有情，这里无须更作比喻。

摄受正法的善男子、善女人，能以种种善根成熟此四类，然后依其根器,授以三乘教法,便如大地荷担四种重任。

【刘宋译】又如大地有四种宝藏。何等为四:一者无价、二者上价、三者中价、四者下价,是名大地四种宝藏。如是摄受正法善男子、善女人,建立大地得众生四种最上大宝。何等为四:摄受正法善男子、善女人,无闻非法众生,以人天功德善根而授与之;求声闻者授声闻乘;求缘觉者授缘觉乘;求大乘者授以大乘。如是得大宝众生,皆由摄受正法善男子、善女人,得此奇特希有功德。世尊,大宝藏者,即是摄受正法。世尊,摄受正法,摄受正法者,无异正法,无异摄受正法,正法即是摄受正法。

【唐译】又如大地是四种宝所生之处。何等为四:一者无价、二者上价、三者中价、四者下价,如是摄受正法。善男子、善女人,建立大地有情遇已获四大宝,一切宝中最为殊胜。何等为四:谓诸有情遇斯善友,或有获得人天善根、有证声闻及辟支佛或无上乘善根功德,是名摄受正法。善男子、善女人,建立大地有情遇已,便能获得四种大宝。世尊,出大宝者,名为真实摄受正法。

世尊言:摄受正法者,谓无异正法、无异摄受正法,正法即是摄受正法。

【释义】第四个譬喻,大地四种宝藏喻。

大地四种宝藏说为无价、上价、中价、下价。分别比喻大乘、缘觉乘、声闻乘、人天乘。摄受正法的善男子、善女人,依据各别不同的根器,用此四乘摄受上面所说的四种有情,令他能得四乘的利益,是即建立大地四种宝。

经言:"世尊,大宝藏者,即是摄受正法。世尊,摄受正法,摄受正法者,无异正法,无异摄受正法,正法即是摄受正法。"这段经文翻译得不好,唐译亦不完善,若依藏译校勘,可改译为:

> 世尊,摄受正法,名为摄受正法者。正法与摄受正法无异,摄受正法者本身即是正法。

这样改译，意思便很明白。说摄受如来藏，便即是说摄受如来藏的行人，因为如来藏与正法无异，所以摄受如来藏的人，本身便即是正法。将人与法合起来说，即有密意，受持正法的人住于识境，所受的正法即是智境。若分别来说，即是将识境与智境异离。本经将之合说，便显示如来藏智识双运，识境与智境双运而无异离。了解这重密意，在读本经时相当重要，否则便不能将下文所说的如来藏与四种比喻联系起来。

【刘宋译】世尊，无异波罗蜜，无异摄受正法，摄受正法即是波罗蜜。何以故？摄受正法善男子、善女人，应以施成熟者，以施成熟，乃至舍身支节，将护彼意而成熟之，彼所成熟众生建立正法，是名檀波罗蜜。

【唐译】世尊，无异波罗蜜，无异摄受正法，摄受正法即是波罗蜜多。何以故？摄受正法善男子、善女人，应以施成熟者以施成熟，乃至舍身随顺彼意而成熟之，令彼有情安住正法，是名施波罗蜜。

【释义】这里开始将如来藏与波罗蜜多联系起来，所以说摄受正法即是波罗蜜多，由是即说六波罗蜜多。若依密意，这便是将二转法轮所说与三转法轮所说，视为无异。这样一来，信二转法轮所说的人，不应诽拨三转法轮所说；信三转法轮所说的人，不应轻视二转法轮所说。

先说布施波罗蜜多。摄受正法善男子、善女人，对应由布施来成熟的有情，即以布施来成熟他，令得安住正法，如是即为布施波罗蜜多（dāna-pāramitā，檀波罗蜜）。

【刘宋译】应以戒成熟者，以守护六根、净身口意业，乃至正四威仪，将护彼意而成熟之，彼所成熟众生建立正法，是名尸波罗蜜。

【唐译】应以戒成熟者，守护六根净身语意乃至威仪，随顺彼意而成熟之，令彼有情安住正法是名戒波罗蜜。

【释义】接着说持戒波罗蜜多。对应以持戒成熟的有情，即以守护六根、净身口意业,以至正四威仪(行住坐卧等日常生活动态)来成熟他,如是即名戒波罗蜜多(śila-pāramitā,尸波罗蜜)。

【刘宋译】应以忍成熟者,若彼众生骂詈、毁辱、诽谤、恐怖,以无恚心、饶益心、第一忍力,乃至颜色无变,将护彼意而成熟之,彼所成熟众生建立正法,是名羼提波罗蜜。

【唐译】应以忍成熟者,若彼有情骂詈、毁辱、诽谤、扰乱,以无恚心及利益心最上忍力,乃至颜色亦不变异,随顺彼意而成熟之,令彼有情安住正法,是名忍波罗蜜。

【释义】接着说安忍波罗蜜多。有情对自己所遭受的骂詈、毁辱、诽谤、恐怖,都能以无恚心及利益心加以安忍,由是令彼成熟,安住正法。如是即名安忍波罗蜜多(kṣānti-pāramitā,羼提波罗蜜)。

【刘宋译】应以精进成熟者,于彼众生不起懈心、生大欲心、第一精进,及至若四威仪,将护彼意而成熟之,彼所成熟众生建立正法,是名毘梨耶波罗蜜。

【唐译】应以精进而成熟者,于彼有情不起懈怠下劣之心,起大乐欲最上精进,于四威仪随顺彼意而成熟之,令彼有情安住正法,是名精进波罗蜜。

【释义】接着说精进波罗蜜多。成熟有情,不起懈怠,亦不以有情为下劣,如是精进安置有情住于正法,如是即为精进波罗蜜多(vīya-pāramitā,毘梨耶波罗蜜)。

【刘宋译】应以禅成熟者,于彼众生以不乱心、不外向心、第一正念,乃至久时所作、久时所说,终不忘失,将护彼意而成熟之,彼所成熟众生建立正法,是名禅波罗蜜。

【唐译】应以静虑而成熟者，于彼有情以无散乱成就正念，曾所作事终不忘失，随顺彼意而成熟之，令彼有情安住正法，是名静虑波罗蜜。

【释义】接着说禅定波罗蜜多。禅定的功能即是心无散乱，持正念内观自心，是即为将护心识，如是成熟众生，建立正法，如是即为禅定波罗蜜多（dhyāna-pāramitā，禅波罗蜜）。

【刘宋译】应以智慧成熟者，彼诸众生问一切义，以无畏心而为演说一切论、一切工巧究竟明处，乃至种种工巧诸事，将护彼意而成熟之，彼所成熟众生建立正法，是名般若波罗蜜。是故世尊，无异波罗蜜，无异摄受正法，摄受正法即是波罗蜜。

【唐译】应以智慧而成熟者，彼诸有情为利益故，问诸法义以无倦心，而为演说一切诸论、一切明处，乃至种种工巧之处，令得究竟随顺彼意而成熟之，令彼有情安住正法，是名智慧波罗蜜。是故世尊，无异波罗蜜，无异摄受正法，摄受正法即是波罗蜜。

【释义】最后说般若波罗蜜多。

经中说波罗蜜多，唯至说般若时始出密意。此中般若，非只说出世智，实连同世间智而说，所以便说到为众生"演说一切论、一切工巧究竟明处，乃至种种工巧诸事"，这里所说的便是世间智慧。依经文的意思，这里说的即是大小五明。大五明为：内明、工巧明、医方明、声明、因明。小五明为：星算明、诗颂明、韵律明、辞藻明、剧曲明。此中唯内明为出世间智，其余都是世间智。说般若而兼说世出世智，那便是悟入智识双运界，因此五地菩萨必须通达大小五明，以及世间技艺。如是成熟有情建立正法，即是般若波罗蜜多（prajñā-pāramitā，般若波罗蜜）。

经言摄受正法与波罗蜜多无异，即说由六度皆可摄受正法。分别由六度摄受有情，即是依有情的根器而摄受，亦即上文所说，分别依三乘根器摄受正法。

经文至此说第二段毕，特别是由说波罗蜜多，已显明摄受正法与法无二。

【刘宋译】世尊,我今承佛威神更说大义。

佛言:便说。

胜鬘白佛:摄受正法,摄受正法者,无异摄受正法,无异摄受正法者,摄受正法善男子、善女人,即是摄受正法。

何以故?若摄受正法善男子、善女人,为摄受正法舍三种分。何等为三:谓身命财,善男子、善女人舍身者,生死后际等离老病死,得不坏常住、无有变易、不可思议功德如来法身。舍命者,生死后际等毕竟离死,得无边常住不可思议功德,通达一切甚深佛法。舍财者,生死后际等得不共一切众生无尽无减,毕竟常住不可思议具足功德,得一切众生殊胜供养。世尊,如是舍三分善男子、善女人,摄受正法,常为一切诸佛所记、一切众生之所瞻仰。

【唐译】时胜鬘夫人复白佛言:世尊,我今承佛威神辩才之力,复说大义。

佛言:云何大义?

世尊,摄受正法者,无异摄受正法;无异摄受正法者,摄受正法善男子、善女人,则是摄受正法。何以故?若摄受正法善男子、善女人为正法故舍身命财,如是人等以舍身故,证生死后际,远离老病得不坏常,无有变易究竟寂静,不可思议如来法身。以舍命故,证生死后际,永离于死得无边常,成就不可思议诸善功德,安住一切佛法神变。以舍财故,证生死后际,超过有情,无尽无减果报圆满,具不思议功德庄严,为诸有情尊重供养。世尊,舍身命财摄受正法善男子、善女人等,为诸如来之所授记。

【释义】今说第三段。

摄受正法者与正法无二,在经中说为"大义",显然这里便有重要的密意。

摄受正法者是人,正法是法,依照我们的名言概念,人与法有分,但若依如来藏见,无论是人是法,无非都是识境自显现,都是智境上识境随缘自显现,有如笔者的比喻,都是荧光屏上的影像自显现。依此见地,才能将世间一切人与一切法的自性,建立为本性,并且建立为本性自性空,这样便可以说是"大义",因为建立的范围广大,可以周遍一切情器世间来建立。

依着这样的理解,识境中的人与法便平等,而且还可以说是大平等,由无分别而平等。这样,便无须费辞,即可说摄受正法者与正法无二,一如龙树菩萨在《中论》中说"去者"与"去"无二。

经中以舍身、命、财三分,说摄受正法者与摄受正法无二,似乎未依上面所说的如来藏见而说,其实不然。身、命、财三者虽然说是属于人,这个人的身、这个人的命、这个人的财,若依如来藏见,则身、命、财三者其实亦只是法,由此亦即人与法无二(譬如龙树所说的:"去者"与"去"无二)。必须如此理解,才不会对这大义起浅见。倘如认为菩萨应舍身、命、财来利益众生,只着眼于舍,而不着眼于人与法无分别(都是智境上的识境自显现),那便可以说只是慈善事业,不能说是菩萨行。

关于舍身、命、财,经文虽分三段来说,其实都是说如来法身功德的"常"。汉译的意思比较浅近,若依藏译则较为深远。

舍身一段,依藏译可改译如下:

> 善男子、善女人舍身者,与佛身轮外边际等,即离生死,得不坏常住,无有变易,具不可思议功德之如来法身。

这里说的"佛身轮外边际",即是如来法身上自显现的识境。若以如来法身为基,则在基上的一切显现,都可以说是在基的外边际上显现(既不离基,但又看似离基而显现,那便可以说是在基的外边际上显现)。

舍命一段,依藏译可改译如下:

> 舍命者,与佛法轮外边际等,毕竟离死,得无边常住不可思议功德,通达一切甚深佛法。

这里说的"佛法轮外边际",即说如来法身功德。法身功德不离法身,但能在法身上显现,是即可说为于法轮外边际上成显现,一如上面所说。

舍财一段,依藏译可改译如下:

舍财者,与一切众生之供养轮外边际等,无尽无减,毕竟常住,不可思议,具足功德,得一切众生殊胜供养。

这里说的"一切众生之供养轮外边际",即如来法身。供养轮内为如来的色身(报身与化身,例如阿弥陀佛净土与释迦化土),故其外边际即是法身。

舍身、命、财三者合起来说,即是识境、智境的如来法身功德、智境的如来法身。这是依大平等见而建立,由此建立,所以可以说,舍身命财的人,与舍身命财的法无二。亦即识境上的舍身命财,可与智境识境双运的大悲事业无二,由是成立了常,亦同时成立了人法无二为常,这即是如来藏的根本功德。

【刘宋译】世尊,又善男子、善女人摄受正法者,法欲灭时,比丘、比丘尼、优婆塞、优婆夷,朋党诤讼,破坏离散,以不谄曲,不欺诳,不幻伪,爱乐正法,摄受正法,入法朋中,入法朋者,必为诸佛之所授记。世尊,我见摄受正法如是大力,佛为实眼实智,为法根本,为通达法,为正法依,亦悉知见。

【唐译】世尊,若善男子、善女人正法欲灭,有诸比丘、比丘尼、优婆塞、优婆夷,互相朋党起诸诤讼,以不谄曲不欺诳心,爱乐正法摄受正法,入善朋中,入善朋者,必为诸佛之所授记。世尊,我见摄受正法有斯大力,如来以此为眼为法根本,为引导法为通达法。

【释义】经文至此,已由三段义理说摄受正法,接下来便说法欲灭时,非摄受正法不能应付。

释迦对正法有危机感,所以在说及究竟法时,多同时说到法灭,尤其是在《法灭尽经》及《大涅槃经》,危机感更甚。由是提出四依之说:

依法不依人、依义不依语、依智不依识、依了义不依不了义。四依之中，依法不依人更为根本，因为依义不依语等，实由人引导而成。若有人得学佛者信仰，可是他们却只能依言说而不识密意；只能依识境说法而不知智境与识境双运；只能说不了义，所以将了义经说成不了义。然而既得人信，错信的人便可能由误导而对摄受正法生反感。所以在经文中提出，在正法欲灭时，便有四众"朋党诤讼，破坏离散"，此四众必为学人所依的师友，所以才有朋党。

因此，胜鬘依法灭的危机，即说于正法欲灭时，摄受正法的人，应"以不谄曲，不欺诳，不幻伪，爱乐正法，摄受正法，入法朋中"。这里说的"入法朋中"，便即是依摄受正法的人，而不依虽具名闻而实在毁灭佛法的人。若广说，依经文的密意，则谓能依四依摄受正法的人，必能得佛授记。

由是经言："世尊，我见摄受正法有斯大力，如来以此为眼为法根本，为引导法为通达法。"（依唐译）这即是以能见正法为佛眼，以正法为法根本。正法为佛眼，是故能引导一切法门；正法为法根本，是故能通达一切法门。所以说摄受正法有大力。

【刘宋译】尔时，世尊于胜鬘所说摄受正法大精进力，起随喜心：如是胜鬘，如汝所说，摄受正法大精进力，如大力士少触身分生大苦痛。如是胜鬘，少摄受正法令魔苦恼，我不见余一善法令魔忧苦如少摄受正法。

【唐译】尔时，世尊闻胜鬘夫人所说摄受正法有大威力，叹言：如是如是，善哉，胜鬘，如汝所说摄受正法大威德力，如大力士，微触末摩生大苦痛，更增重病。如是胜鬘，假令少分摄受正法，令魔波旬痛切愁恼悲号叹息，亦复如是。胜鬘，我常不见余一善法令魔愁恼，犹如少分摄受正法。

【释义】这段经文以唐译为胜，今依唐译而释。

释迦对胜鬘夫人的说法加以赞叹,于是用三个譬喻来说摄受正法之力。今第一喻。即使是大力士,只要能击中他的要害,这大力士即能被降伏,以此比喻,即使"少分摄受正法"亦能降伏魔波旬。

经文说:"如大力士,微触末摩生大苦痛,更增重病。"这里的"末摩",梵文为marman,意为死穴,所以微触死穴,即能令大力士受伤。降伏波旬亦复如是,即使少分摄受正法,因为能点中波旬的死穴,所以波旬便会"痛切愁恼,悲号叹息"。因为摄受正法者即是正法,波旬不能对正法为害,便不能害对正法能生信解的人。所以在末法时期,宣扬正法十分重要,即使只能令人少分摄受正法,亦能令他不受魔说,入善朋中。

【刘宋译】又如牛王,形色无比,胜一切牛。如是大乘少摄受正法,胜于一切二乘善根,以广大故。

【唐译】胜鬘,譬如牛王形色端正,身量殊特蔽于诸牛。如是胜鬘,修大乘者,设令少分摄受正法,即能蔽于声闻独觉一切善法。

【释义】第二个譬喻,以牛王为喻。

印度传统对牛十分尊重,称为神牛,释迦随顺传统,是故以牛王为喻。牛王形色胜一切牛,有如摄受正法能胜二乘。在这里,释迦并非否定二乘,只是依道次第而说,所以说声闻与独觉(缘觉)的法只是"善法",而不说为正法,因为在本经,以说了义法、究竟法为正法。二乘教法只随顺识境而说,四谛是识境法,十二缘起亦是识境法,受此法门引导的行人,虽然能正见识境,可是同时却亦落于识边际,是即不成究竟,因此只能喻为凡牛,不能说是牛王。

这段经文,有开引二乘之义。释迦于二转法轮说波罗蜜多,二乘行人未加重视,因为释迦由波罗蜜多说中道见,二乘行人亦以为自己的宗见是中道见。及至三转法轮说如来藏,同时说观修如来藏的瑜伽行,二乘行人便觉得跟自己的宗见分别很大,对释迦之所说难以理解。大概当时还有些二乘行人不同意释迦的说法,所以在一些经典中(如《大宝积经·普明菩萨会》),便有释迦说了义经时比丘退席的故事,因此释迦在本经中,便明明说出,二乘不及摄受正法,因为善法不及正法,将二乘法门定位为善法,那便是道次第的定位。

【刘宋译】又如须弥山王,端严殊特胜于众山,如是大乘舍身命财,以摄取心摄受正法,胜不舍身命财初住大乘一切善根,何况二乘,以广大故。

【唐译】胜鬘,又如须弥山王高广严丽蔽于众山。如是胜鬘,初趣大乘,以饶益心不顾身命,摄受正法便能超过,顾其身命久住大乘一切善根。

【释义】第三个譬喻,以须弥山王为喻。

须弥山王无须实有,只是于成立一器世间时的施设。佛以须弥山王、四大部洲、日、月等七事来成立一个器世间,其实都是施设,不能因为日、月为实有,便把须弥山王与四大部洲都看成是实有。现在有些人依言取义,设法在地球上寻找须弥山和四大部洲,那便是不认识"华藏世界"的建立理趣,因为释迦其实是依此理趣来成立世间。

须弥山称为山王,当然"端严殊特胜于众山",这比喻摄受正法的一乘,胜于菩萨乘的大乘。因为摄受正法的一乘行人,可以舍身、命、财来摄受正法,菩萨乘只是"初住大乘",不能舍身、命、财,因此菩萨乘便不及一乘。

在这里,应该回顾一下前文所说,一乘行人舍身、命、财摄受正法,是即等同以识境庄严法界(舍身)、以如来法身功德庄严法界(舍命)、以如来法身摄受法界庄严(舍财),由是舍离我与我所,住入智识双运如来藏境界,此即非菩萨乘行人所能及。舍身、命、财说的不是事相,其实所说实为密意。

【刘宋译】是故胜鬘,当以摄受正法开示众生、教化众生、建立众生。如是胜鬘,摄受正法,如是大利、如是大福、如是大果。胜鬘,我于阿僧祇阿僧祇劫,说摄受正法功德义利不得边际,是故摄受正法,有无量无边功德。

【唐译】是故胜鬘,当以摄受正法,开示教化一切有情。如是胜鬘,摄受正法,获大福利及大果报。胜鬘,我于无数阿僧祇劫,称赞如是摄受正法所有功德,不得边际,是故摄受正法,成就如是无量功德。

【释义】上文用降伏大力士喻,用牛王喻,用须弥山王喻,比喻摄受正法的功德,"是故胜鬘,当以摄受正法开示众生、教化众生、建立众生"。对于建立众生,可以一说。这即是依如来藏思想说明众生的建立,由是令行者能理解"本性自性空",并以此空为"毕竟空"。用笔者常用的比喻来说,即如荧光屏上的人,能理解自己只是荧光屏上的影像,即能悟入"毕竟空"的境界,亦即是"本性自性空"的境界。若不能这样来理解空性,只依法异门的言说来理解,一定不能究竟建立众生,此如唯建立众生为空性。由此可知"建立众生"的重要,而"建立众生"则非依如来藏思想不可。

这里说一说如何建立众生。

如来法身的功德有二分,称为现分与明分,此中现分可以理解为生机,此中明分可以理解为区别分。由于有生机,识境才能在如来法身中生起;由于有区别分,识境才能生起而成区别,此如人与蚂蚁不同,山陵与河海不同。

依此二分功德,有情世间与器世间才能在相碍缘起中任运圆成。任运圆成就是适应一切相碍的局限而生起,此即称为相碍缘起。于生机中,人适应一些局限,蚂蚁又适应另外一些局限,由此人与蚁便分别任运圆成。故所谓任运,即是随缘适应而运作,所谓圆成,便即是建立。

这样的建立,即用相碍缘起来建立众生,若不理解如来藏和如来藏的法身功德的密意,便无法建立相碍缘起来说建立众生的实相。

如是开示众生、教化众生、建立众生,即是依智识双运的如来藏境界来作大悲事业,是故说摄受正法,有如是大利、如是大福、如是大果。释迦且说,于阿僧祇阿僧祇劫(无量的无量劫),如是称赞摄受正法功德,是即称赞一乘教法的功德。

综上所述,我们看到,这里是说摄受如来藏。胜鬘先说如来真实功德,然后发愿十受,再作三大誓愿,都不离如来真实功德而说。这如同提出一个大纲,表明本经是从如来真实功德来说如来藏,因为如来真实功德是方便,本经即依方便而说。这有如荧光屏中影像世界的人,须先依荧光屏功能,知道一切影像皆由此功能建立,然后才能知道荧光屏的存在,这样,令能知荧光屏的功能便是方便。

为什么讲摄受正法要占这么大的篇幅呢?这是因为在这里要详细地说明,依如来真实功德,可以带给我们一些什么,能够建立一些什么道理。在此之后,就是建立一乘了。既然摄受正法,就要建立大乘,大乘也即佛乘。在这里大乘不是指一般的 Mahāyāna,而是指一乘(Ekayāna)。为什么特别强调这个"一",是因为一就是无二的意思,其他的乘都有二(二即是相对),唯独佛乘唯一(离相对),故为一佛乘。这里强调"一",就是等于文殊师利的不二法门,亦等于如来藏。

如来藏是如来的法身与如来法身功德双运,这无可诤论,譬如说,火与火的功能双运,水与水的功能双运,实在无可诤论。那么,怎样去理解如来法身与其功德双运呢?依如来藏教法,说为无变易与无异离。在《心经》中,说"色即是空,空即是色",此即说无变易;说"色不异空,空不异色",此即说无异离。详细一点来说,佛内自证智境界上,虽有识境随缘自显现,但智境则不因识境而受污染,是即无变易;识境虽随缘而成自显现(任运圆成),但并不因其显现即脱离智境,如是识境与智境永不异离,是即无异离。因此,在经文中即说摄受正法与法无异,摄受正法者与摄受正法无异,如是统摄人我、法我入本性自性,是即将识境摄入智境而成依止、建立。读者须如是理解本章经文的大义。

五、入一乘

【刘宋译】佛告胜鬘：汝今更说一切诸佛所说摄受正法。

胜鬘白佛：善哉，世尊，唯然受教。

即白佛言：世尊，摄受正法者是摩诃衍。何以故？摩诃衍者，出生一切声闻、缘觉、世间、出世间善法。世尊，如阿耨大池，出八大河。如是，摩诃衍出生一切声闻、缘觉、世间、出世间善法。世尊，又如一切种子，皆依于地而得生长，如是一切声闻、缘觉、世间、出世间善法，依于大乘而得增长。是故世尊，住于大乘摄受大乘，即是住于二乘摄受二乘，一切世间出世间善法。

【唐译】佛告胜鬘：汝今复应演我所说摄受正法，一切诸佛共所爱乐。

胜鬘白言：善哉，世尊，摄受正法者则名大乘。何以故？大乘者，出生一切声闻独觉，世出世间所有善法，如阿耨达池出八大河。如是大乘，出生一切声闻独觉，世出世间所有善法。世尊，又如一切种子草木丛林，皆依大地而得生长，如是一切声闻独觉，世出世间所有善法，皆依大乘而得生长。是故世尊，住于大乘摄受大乘，即住摄受声闻独觉，世出世间所有善法。

【释义】既说摄受正法，即以正法为根本见，依此根本见修道，是故建立一乘。说一乘，即说正法道，亦即佛道，行者即依佛道而作修持行持。依此，胜鬘故说："摄受正法者是摩诃衍。"

"摄受正法者是摩诃衍"这一句，藏译中没有"摄受"二字，作"正法者是摩诃衍"，这不知是译者的省略，抑或是梵本的原文。若依藏译，便等于说正法即是摩诃衍(Mahāyāna);若依汉译,便等于说,正法的见修即是摩诃衍,二者稍有分别,应以汉译为长。不过,前面已经说过,摄受正法与法无二,所以亦可以说汉译与藏译无二。

摩诃衍即Mahāyāna,译为"大乘",这里说的大乘,当然是指一佛乘,而不是指菩萨乘的大乘。行者于观修时,应先了知自己所修行的道,为什么称为一乘。因此,经文即分说二义:

一、一乘之所摄;
二、摄入一乘的义理,且依此而说及行道。

今说一乘之所摄。

经言:"摩诃衍者,出生一切声闻缘觉世间出世间善法。"这一句藏译作"声闻缘觉世间出世间善法,皆依摩诃衍而得善解"。二者比较,藏译为长。依藏译,小乘的法以及世出世善法,虽非一乘法,但却能够根据一乘的法来理解,而且是得善解。这便即是说,一乘以外的法,都能摄入一乘法中,这就是一乘之所摄,为摄入三乘。此中,声闻、缘觉为小乘;世间出世间善法为菩萨乘。

说小乘教法能依一乘而得善解,可能令人生疑,因为他们并不认为小乘教法与如来藏有关。其实不然,小乘经中常常有如来藏的义理,而且必须根据如来藏的义理来理解,才能善知经义。笔者在《如来藏二谛见》一书中已举三个例子,今引述如下:

此如《杂阿含经》第二十,第556至559经中所言:

> 佛告诸比丘尼,若无相心三昧,不勇不没解脱,已住住已解脱,此无相心三昧,智果智功德。①

此中所谓"智果",即是"法身";所谓"智功德",即是"法身功德"。不败尊者于广说如来藏时,已说法身与法身功德双运即如来藏,故知释迦于小乘教法中未尝不说如来藏义理。由此亦知,其施设"不勇不没"

---

① 依求那跋陀罗那译,大正·二,no.99,第145—146页。

"已住住已",即为中道;其所行道(观修"无相心三昧"),即瑜伽行。

世尊说如来藏,更可引《中阿含经》之《达梵行经》(第 111 经)来说明:

> 云何知苦胜如?
>
> 谓不多闻愚痴凡夫,不遇善知识,不御圣法法身生觉——极苦、甚重苦,命将欲绝,出此从外更求于彼。①

此所谓"苦胜如",即识觉胜于智觉。当凡夫唯持识觉以觉知时,便不知识觉亦依于法身,即不知圣法"法身生〔识〕觉",由是得"极苦、甚重苦",凡夫以苦故,不知现证内自证法身以智觉灭苦,反出法身之外而求,是即永陷于由分别识所生之苦。

读者于前若已明智境与识境自显现(法身与法身功德)义,则于读此段经文时,定能胜解不知"法身生〔识〕觉"之"苦胜如",此亦即唯持识境为真实,而不认知识境所依之法身(智境)。

由经义,知释迦于此实已依如来藏义以教小乘行人,唯施设道名言不同而已,此即是所谓"法异门"。

可更引一例,以明释迦于小乘经教中已说"佛法身周遍"。此见于《增一阿含经》第三十三《等法品第三十九》:

> 是时世尊告诸比丘,彼云何名为"七神〔心〕识住处"?
>
> 所谓众生若干种身想,所谓人及天也。
>
> 又复众生若干种身而有一想,所谓梵迦夷天也。
>
> 又复众生一身若干想,所谓光音天也。
>
> 又复众生一身一想,所谓遍净天也。
>
> 又复众生无量空,空处天也。
>
> 又复众生无量识,识处天也。
>
> 又复众生无有处,无有处天也。

----

① 依瞿昙僧伽提婆译,大正·一,no. 26,第 600 页中。

是谓比丘七识住处。我今已说七识处,诸佛世尊所可,施行接度人民。①

此处释迦以人天为范限,施设比丘住心识观修之七处所,由多种身以至一身;由多种想以至一想;由无量空、无量识以至无所有,这是依人类概念(想)施设超越吾人情器世间之种种情器世间,此即实说法身周遍,于佛内自证境界中有无量无边非吾人可以思议之识境自显现。若依不败尊者于前所说,此即所谓由果立因相依理,由种种世间为果,可以成立如来藏为因。复由法性理,可以成立法身周遍一切界。故知此处,释迦实亦说如来藏,但以七种心识住处为说而已。

这三个例子之外,其实还可以举出很多例子,现在只举一例。

《杂阿含经》108经,说西方有众多比丘来听释迦说法,说法已,众比丘向释迦辞行,释迦问他们有没有向舍利弗辞行,他们说没有。释迦对他们说:"舍利弗淳修梵行,汝当奉辞。"西方众比丘于是即往诣舍利弗,舍利弗对他们说,你们回到西方,一定有人会问,大师说什么法,你应该这样回答:"大师唯说调伏欲贪。"如果再问:"于何法中调伏欲贪?"你应该这样回答:"大师唯说于彼色阴调伏欲贪,于受想行识阴调伏欲贪。"

舍利弗之所说,当然即是小乘教法,然而若只依言说来理解,认为只是依五蕴来调伏欲贪,那便不是善解。所以经文接着说舍利弗解释如何调伏:

> 世尊终不说言,当断诸不善法,亦不教人于佛法中修诸梵行,得尽苦边。

> 世尊终不说受持善法,于佛法中修诸梵行,平等尽苦,究竟苦边。

这样的调伏,即是如来藏的教法。于不二法门中无善与不善的分别,若落于善与不善的分别概念,行者则永远住于识境中的分别,这样

---

① 依瞿昙僧伽提婆译,大正·一,no. 125,第730页下。

便不能悟入智识双运的境界，所以调伏欲贪，不是"当断诸不善法"，亦不是"受持善法"，当心能悟入无分别时，则诸不善法尽，善法同时生起，这才是无作意、无舍离而调伏欲贪。

那么，为什么释迦教授调伏欲贪，却又说当断不善法，当修善法呢？舍利弗解释说：

> 以受诸不善法因缘故，今现法苦住，障碍热恼，身坏命终。堕恶道中，是故世尊说言当断不善法。
>
> 受持善法，现法乐住，不苦不碍，不恼不热，身坏命终，生于善处，是故世尊，赞叹教人受诸善法，于佛法中修诸梵行。

依如来藏观修，其实亦是这样观修，若落分别见来观修，便不是对释迦的小乘教法生善解，舍利弗则能生善解，知离分别，所以舍利弗其实已摄受一乘教法，摄受正法。这也可以说，舍利弗已能依释迦所说的中道来说观修，依言说（即依识边），可以说断诸不善法、受诸善法；依密意（即依智边），则终不说断诸不善法、受诸善法。因此我们可以说，舍利弗已依中道见，对释迦的教法能生善解。

通过这些例子，即当理解三乘摄入一乘的理趣。关于菩萨乘摄入一乘，这里不再举例，因为只要知道，深般若波罗蜜多即是如来藏，或依《入楞伽经》知道，如来藏名为藏识、名为藏识的如来藏，那就理解可将菩萨乘摄入一乘。

胜鬘依入一乘义，复举二喻：如阿耨大池出八大河、如一切种子皆依于大地而得生长。大池例即是以三乘的源头为如来藏、为摄受正法。若更广言，则释迦所说的一切法异门，皆由摄受正法出；种子依于大地例，即是释迦所说一切法，皆依一乘正法而得增长（知密意，得善解）。

【刘宋译】如世尊说六处，何等为六：谓正法住、正法灭、波罗提木叉、毘尼、出家、受具足。

为大乘故说此六处。何以故？正法住者，为大乘故说，大乘住者，即正法住。正法灭者,为大乘故说,大乘灭者,即正法灭。

波罗提木叉、毘尼,此二法者,义一名异,毘尼者即大乘学。何以故?以依佛出家而受具足,是故说大乘威仪戒,是毘尼、是出家、是受具足。是故阿罗汉,无出家、受具足。何以故?阿罗汉依如来出家、受具足故。

【唐译】如佛世尊所说,六处谓正法住、正法灭、别解脱、毘奈耶、正出家、受具足。

为大乘故说此六处。所以者何?正法住者为大乘说,大乘住者即正法住;正法灭者为大乘说,大乘灭者即正法灭。

别解脱毘奈耶,此之二法,义一名异;毘奈耶者即大乘学,所以者何?为佛出家而受具足,是故大乘戒蕴是毘奈耶、是正出家、是受具足。世尊,阿罗汉者,无有出家及受具足。何以故?阿罗汉,不为如来出家受具足故。

【释义】一乘之所以能摄入三乘,是因为他具足六处。依观修道法,具足正法住与正法灭;依行持道法,具足波罗提木叉、毘尼、出家、受具足。具足这六处,便能摄一切法异门义。

今先说观修道法:正法住与正法灭。经言:"正法住者,为大乘故说,大乘住者,即正法住。正法灭者,为大乘故说,大乘灭者,即正法灭。"这即是说能于正法生正见,即正法住,因为正见由一乘而生。若于正法起邪见,即正法灭,因为邪见离一乘而生。将见地依于一乘,即是依于出离识境边,而且这里说的出离,还是无舍离而离。倘若唯住于识境、唯住于佛的言说,那便不是一乘,而是一乘灭,亦即正法灭。

经中以正法住、正法灭为一乘教法,如是即建立观修行人的抉择见与决定见,无论抉择与决定,在见地上都不能离开一乘。所以无上瑜伽密行人非常强调见地,认为同是一个观修仪轨,若依正见来作抉择与决定,这便是观修正法;若不依正见来作抉择与决定,则是观修邪法。这样来看待观修仪轨,便是依正法住、正法灭来看待。

更说行持道法四种。

波罗提木叉（prātimokṣa，别解脱）与毘尼（vinaya，毘奈耶）。二者都是戒，行持即须依戒而行。波罗提木叉意译为别解脱，即是于烦恼处别别解脱。也即是说，针对着贪，行解脱贪的戒；针对着瞋，行解脱瞋的戒，如是等等，即别解脱。毘尼是为调伏而订定的戒律，亦即是佛所制定的僧团戒律。依此戒律，并非针对个别烦恼，而是整体调伏烦恼。所以说毘尼是大乘学，"以依佛出家而受具足，是故说大乘威仪戒"。这样说，便可以说没有阿罗汉的出家、受具足〔戒〕，只有如来的出家、受具足。依戒律，二乘其实已摄入一乘。

这里说的出家，可以理解为说出离，并不是依事相以剃度为出家，若只受剃度而未能出离，这出家便不具足。所谓出离，通常都说是出离世间，其实应该说是出离世间的名言句义（可参考本丛书的《〈无边庄严会〉密意》，复旦大学出版社 2014 年 6 月出版）。因为人一定要在世间生活，而且要依着世间的规范来生活，对这些规范，实在不能出离，所能出离的，便只是由规范而成立的名言句义，依规范而不落于规范的概念，心即无所缚系，如是即成出离，所以出离并不落于事相。

【刘宋译】阿罗汉归依于佛，阿罗汉有恐怖。何以故？阿罗汉于一切无行，怖畏想住，如人执剑欲来害己，是故阿罗汉无究竟乐。何以故？世尊，依不求依，如众生无依，彼彼恐怖，以恐怖故则求归依。如阿罗汉有怖畏，以怖畏故，依于如来。

【唐译】阿罗汉，有怖畏想归依如来。何以故？阿罗汉，于一切行住怖畏想，如人执剑欲来害己。是故阿罗汉，不证出离究竟安乐。世尊，依不求依，如诸众生无有归依，彼彼恐怖，为安隐故求于归依。世尊，如是阿罗汉，有恐怖故归依如来。

【释义】上文说一乘所摄已毕，今说摄入一乘的义理，依经文可以总摄为六义如下：

一者,二乘有依有怖不能得究竟解脱;

二者,二乘所知障未断,所以不起一切功德,不明一切法究竟依处;

三者,二乘仅断分段生死,不能尽一切烦恼、尽一切受生;

四者,二乘不断无明住地,不得一味、等味之解脱味;

五者,二乘不受后有智,仅因能断分段生死而说为得解脱,如来法身非二乘之解脱境;

六者,二乘非皈依处,唯佛为真实依。

现在解释这六总义:

一、本段经文即说二乘有依有怖。

阿罗汉皈依于佛,实由于阿罗汉有恐怖。他们的恐怖是对于"一切无行"生怖畏想。说一切无行,便连二乘之所行亦说为无,这便即是说一切法空,阿罗汉对一切法空生怖畏,因为他们不能尽一切行,是故有所行而行。若说一切法空,他们便认为一切所行都是徒劳,由是即生怖畏。由此怖畏,只能皈依于佛,认为依佛所说,必有所行而不徒劳。

经文:"依不求依,如众生无依,彼彼恐怖,以恐怖故则求皈依。如阿罗汉有怖畏,以怖畏故,依于如来。"这句经文译得比较难解,若参考藏译,可以这样理解:众生的皈依,实在并不为求一个法门而皈依,只是因为有所恐怖而求皈依。阿罗汉的皈依亦是一样,他们皈依如来,并不是因为想求得如来的一乘法门,而是因为对一切无行有所恐怖,对不能正见一切法空而生恐怖,是故才皈依如来。

【刘宋译】世尊,阿罗汉辟支佛有怖畏,是故阿罗汉辟支佛,有余生法不尽故,有生有余梵行不成故,不纯事不究竟故当有所作,不度彼故当有所断,以不断故,去涅槃界远。

何以故?唯有如来应正等觉得般涅槃,成就一切功德故。阿罗汉辟支佛,不成就一切功德,言得涅槃者,是佛方便,唯有如来得般涅槃,成就无量功德故。

阿罗汉辟支佛，成就有量功德，言得涅槃者，是佛方便，唯有如来得般涅槃，成就不可思议功德故。

阿罗汉辟支佛，成就思议功德，言得涅槃者，是佛方便，唯有如来得般涅槃，一切所应断过皆悉断灭，成就第一清净。阿罗汉辟支佛有余过，非第一清净，言得涅槃者，是佛方便，唯有如来得般涅槃，为一切众生之所瞻仰，出过阿罗汉辟支佛菩萨境界。

【唐译】是故阿罗汉及辟支佛，生法有余，梵行未立，所作未办，当有所断，未究竟故，去涅槃远。

何以故？唯有如来应正等觉，证得涅槃，成就无量不可思议一切功德，所应断者皆悉已断。究竟清净，为诸有情之所瞻仰，超过二乘菩萨境界，阿罗汉等则不如是，言得涅槃，佛之方便。

【释义】二、二乘行人所知障未断，不具究竟功德，不明一切法究竟处。

二乘行人修道可证四智，即是"我生已尽，梵行已立，所作已办，不受后有"。这称为解脱四智，并认为得此四智即可涅槃，但胜鬘则认为二乘依此四智，涅槃未得。经文所说六种总义中，二至五四种都是说这个问题。

现在总说二乘四智的不究竟。不究竟的原因，是由于所知障未尽，是故不具涅槃的功德。这亦即是，阿罗汉能证人我空，但于法我空则未究竟。

于经文所说，阿罗汉及辟支佛生法有余不尽、有生有余梵行不成、不纯事不究竟当有所作、不度彼故当有所断。以此四者跟究竟涅槃来比较，便可以说为生法未尽，梵行未立，所作未办，当有所断，这样当然便可以说二乘未得涅槃，佛说二乘得涅槃只是方便说。

至于为什么说二乘生法有余不尽、梵行不成、事不究竟当有所作、当有所断，在下面的经文即有说明，所以此处只是总说。

这段经文唐译省略，刘宋译则更有一段经文比较如来与二乘的涅槃功德。

● 如来得般涅槃成就一切功德（无量功德），二乘则仅得有量功德。

● 如来得般涅槃成就不可思议功德，二乘则仅得可思议功德。

● 如来得般涅槃成就断灭，第一清净；二乘尚有余过，应断未断，非第一清净。这即是如来成就所作已办，而二乘则事未究竟，尚应有所作。

由此比较，便知道二乘实在只住于识境而修，于识境中得成就，实未证入如来智境，所以他们所得的功德有限量、可思议、应断未断。对下面的经文，亦须这样来理解，然后才可知道，二乘及菩萨未能现证如来藏，便都有未能圆证涅槃功德的缺点，这其实可以说是道次第上的问题。

【刘宋译】是故阿罗汉辟支佛，去涅槃界远，言阿罗汉辟支佛，观察解脱四智，究竟得苏息处者，亦是如来方便，有余不了义说。

何以故？有二种死。何等为二：谓分段死、不思议变易死。分段死者，谓虚伪众生；不思议变易死者，谓阿罗汉辟支佛、大力菩萨意生身乃至究竟无上菩提。

【唐译】是故阿罗汉等去涅槃远。世尊，说阿罗汉及辟支佛，观察解脱四智究竟得苏息者，皆是如来随他意语不了义说。

何以故？有二种死。何等为二：一者分段；二者变易。分段死者，谓相续有情；变易死者，谓阿罗汉及辟支佛自在菩萨，随意生身乃至菩提。

【释义】三、仅断分段生死，非尽一切烦恼一切受生。

有两种生死：一为分段生死；一为变易生死。凡夫的生死即是分段生死，生死交替而成轮回，每一世的生死即是一段生死，如是一段一段相续，由是轮回不尽。至于变易生死，则须细说。

若依经论的名言来定义变易生死，可以这样说：阿罗汉、辟支佛、具大力菩萨，由无漏的"分别业"为因，以无明住地为缘，依此因缘，即于三界外得殊胜果报身。这个身已经没有三界分段生死的粗身，所以没有形色；这个身已经不住于有漏的分别业，所以便没有寿量、贤愚、老少、壮弱等种种三界识境的定限，其生死只是意生身的变易，由是称为变易身。复因其妙用难测，所以又称为不思议身。这种身，实由定力而成，但由于这定力未离行者的意识，所以才称为意成身、意生身。

这种变易身何以亦有生死？变易生死是由心识念念相续而成，心识相续，即有前后，所以便有前后变易，由是而成变易生死。不过，这里说的心识念念相续，实在跟凡夫的心识念念相续不同，凡夫的念念相续是刹那刹那，每一个念头都刹那生灭。变易身的念念相续，其念念则为定力，因此念念相续便是定力境界的相续，因此念念便非刹那，由是意生身便成变易。

这样便引发出一个问题，若说仍然有心识相续，那么到底是什么人的心识相续，才能与凡夫的心识相续不同，以至凡夫落分段生死，他们却可以成变易生死。对于这个问题，释迦未说，中观宗认为，二乘无学道行人，以及初地以上菩萨，都可以得变易身入变易生死。瑜伽行派则不同，他们认为有四种人可得变易生死：

1. 二乘无学道行人，必须回心入大乘，于得小乘的涅槃时，因为有回心大乘的功德，才可以得到变易身；

2. 二乘有学道行人，回心入大乘，证得大乘初地以上，可以得到变易身；

3. 菩萨依悲力，于八地以上得变易身；

4. 菩萨依智力，于初地以上得变易身。

这两宗的说法互有开合，然而都只是依宗见成立，亦即是依识境而揣度，可不深论，但却可以参考。

对于变易生死，可以说有三种状态：

1. 以微细的生灭为基本状态，亦即离分段生死的形色生灭；

2. 以无漏法为所缘境，观察无漏法，由是悟入法性，这时行者的意识既已悟入无漏，由是他的意业，便成为无漏的有分别业，所成身妙用难测，不可思议；

3. 行者现证法身如来藏，但尚处于未离生灭的边际，于其死时便进入一种状态，这状态亦不可思议。

前两种是二乘得变易生死的状态，后一种是大力菩萨得变易生死的状态。

依上面所说，便可以知道为什么阿罗汉、辟支佛、大力菩萨只能断除分段生死，依然落于变易生死，由是未能得如来的涅槃。

在佛经中，说阿罗汉及辟支佛得涅槃，只是方便说，但方便说亦有所依据，是故经言："阿罗汉辟支佛，观察解脱四智，究竟得苏息处者，亦是如来方便，有余不了义说。"所据即是解脱四智，依方便来说，观察解脱四智，可得涅槃；依究竟来说，解脱四智未得涅槃。下面经文即说及此。

【刘宋译】 二种死中，以分段死故，说阿罗汉辟支佛智我生已尽；得有余果证故，说梵行已立；凡夫人天所不能办，七种学人先所未作，虚伪烦恼断故，说所作已办；阿罗汉辟支佛所断烦恼更不能受后有故，说不受后有。非尽一切烦恼，亦非尽一切受生故，说不受后有。

【唐译】 二种死中，以分段死说阿罗汉及辟支佛，生于我生已尽之智；由能证得有余果故，生于梵行已立之智；一切愚夫所不能作，七种学人未能成办，相续烦恼究竟断故，生于所作已办之智；世尊，说生不受后有智者，谓阿罗汉及辟支佛，不能断于一切烦恼，不了一切受生之智。

【释义】 阿罗汉辟支佛观察四智，都有余未尽。现在先说这四智。

所谓四智，亦即阿罗汉辟支佛内证四谛（苦、集、灭、道）的智。"我生已尽"，指尽断未来的苦果，在四谛中，即是"断集"；"梵行已立"，指由观修而成无漏圣道，在四谛中，即是"修道"；"所作已办"，是指圆满断障证灭,在四谛中,即是"证灭";"不受后有",指由证灭力得尽生死惑业,在四谛中,即是"断苦"。

然而阿罗汉辟支佛虽内证四谛,但这内证并不究竟。

"我生已尽",阿罗汉辟支佛仍然未能断变易生死,所以有余未尽,但依能断分段生死,可方便说阿罗汉辟支佛得我生已尽。

"梵行已立",阿罗汉辟支佛所得的只是有余依涅槃,所以有余未尽,但依有余依涅槃,可方便说阿罗汉辟支佛得梵行已立。

"所作已办",阿罗汉辟支佛能断凡夫及七种学人的烦恼,但未能断一切烦恼,所以有余未尽,但依"虚伪烦恼断故",可方便说阿罗汉辟支佛得所作已办。

"不受后有",阿罗汉辟支佛能断分段生死,但未能断变易生死,所以有余未尽,但依能断分段生死,可方便说阿罗汉辟支佛不受后有。

这即是说,若仅依四圣谛来观修(观察),实在未能究竟,依此义理,即知二乘必须趣入一乘(佛乘)。

经中说七种学人,即小乘声闻八种阶位之前七种。八种阶位即为预流(srota-āpanna,须陀洹)、一来(sakṛd-āgāmin,斯陀含)、不还(anāgāmin,阿那含)、阿罗汉(arhat)四种圣者次第。每种皆有"向"与"果",是即成为八种。详列之即为:预流向(srotāpatti-pratipannaka,须陀洹)、预流果(srotāpanna);一来向(sakṛdāgāmi-patipannaka,斯陀含)、一来果(sakṛdāgāmi-phala);不还向(anāgāmi-pratipannaka,阿那含)、不还果(anāgāmi-phala);阿罗汉向(arhat-pratipannaka,阿罗汉)、阿罗汉果(arhat)。此中,前六种皆为有学道圣者,阿罗汉向则为无学向圣者,唯得阿罗汉果者为无学道圣者,所以,前七种皆可说为学人,是即经中所说七种学人。

【刘宋译】何以故?有烦恼是阿罗汉辟支佛所不能断。烦恼有二种,何等为二:谓住地烦恼、及起烦恼。住地有四种,何等为四:谓见一处住地、欲爱住地、色爱住地、有爱住地。此四种住地,生一切起烦恼,起者刹那,心刹那相应。

【唐译】何以故?是阿罗汉及辟支佛,有余烦恼不断尽故,不能了知一切受生。烦恼有二:谓住地烦恼,及起烦恼。住地有四,何等为四:谓见一处住地、欲爱住地、色爱住地、有爱住地。世尊,此四住地,能生一切遍起烦恼,起烦恼者,刹那刹那与心相应。

【释义】四、不断无明住地,不得一味等味之解脱味。

罗汉及辟支佛有烦恼不能断,所以便不断无明住地。由于不断无明住地,所以便不能得一切诸法一味、等味(平等味),这即是不能得解脱味。本段及以下数段经文,便是说明其不断无明住地之故。

说不断无明住地,先要由烦恼谈起。

烦恼可以分为两类:一类与心相应,称为住地烦恼;一类与心不相应,称为无明住地。

住地烦恼,经中说为四种:1. 见一处住地(住一见处的住地);2. 欲爱住地;3. 色爱住地;4. 有爱住地。由这四住地,更生一切"起烦恼"(遍行烦恼)。也即是说以四住地为根本,由是有一切遍行烦恼。

四住地,为生起三界见惑与修惑的烦恼。住一见处住地指见惑,其余三者指修惑。因为这些烦恼是见惑与修惑的所依处,所以称为住地。

所谓住一见处,即是三界有情分别住于"一见"。例如我们这个世间,便以三度空间为一见,亦即是立体为一见。一切事物,甚至由概念而起的心理状态,可以说都是立体的,这便是由于住一见而成,甚至可以说是天经地义。对于时间,我们亦有一见,我们的时间必然有过去、现在、未来,这亦是天经地义。所以说三界有情其实都是住于名言与句义的世间,一切诸法都依名言句义而建立成为有。

至于欲爱住地,则指欲界有情的一切思惑,以贪爱为主,因为有欲,是故有贪与爱,从而随顺贪爱而起"身见"。

色爱住地，指色界有情的一切思惑。例如对一切物质视为实有，由是即由色爱而起"身见"。欲界中人亦有此住地，因为欲界中亦有物质。

有爱住地，指无色界有情的一切思惑。在无色界中，已无欲爱，亦无对物质的色爱（因为无色界中没有物质），但在他们的世间中，仍然会对"有"起执著，亦依他们的执著而成立"身见"，这便是"有爱"。欲界及色界中都有此住地，因为他们都会依"有"而起"有爱"。

由四住地，即成立了我与我所，身即我，我是有。欲界中人由欲爱、色爱、有爱成立自我，色界中人由色爱、有爱成立自我，无色界由有爱成立自我，所以修道的行人便以断除这些思惑为主，由是断除由"我"而起的我痴、我慢、我见、我爱。

若从我痴、我慢、我见、我爱来说，亦可以反过来，说四住地其实即是我见、我爱。因为有我见、我爱，才令一切有情执著自我，由是我痴、我慢同时生起，我痴便即是无明。

至于遍行烦恼，遍行的意思是，烦恼不局限于特定对象，周遍一切处而生起。佛家依四谛来说遍行烦恼，例如于苦谛，即有身见、边见、邪见、见取见、戒禁取见等五种惑；于集谛，即有邪见、见取、疑、无明等四种惑。唯识家则另有建立，此处不说。

现在说无明住地（avidyāvāsabhūmi）。此与无明不同，不能将无明与无明住地二者相混，一切烦恼的根源便是无明住地。为什么在上说四住地之外还要成立这无明住地呢？可以这样来理解，四住地以及由四住地所起的遍行烦恼，皆基于身见的"我"而建立，于"我"之外还有"法"，所以"我执"之外还有"法执"，一切法执便即是无明住地。

综合四住地与无明住地，即是一切烦恼之所依所住处，也即是说，一切烦恼皆由这五住地而生，因为四住地都是我见、身见，所以归类为我执的烦恼，是故说它与心相应，因为"我"与"身"其实都是由心建立。

我执之外的法执，虽由心执著，但所执的事物，则非以心为生因，所以说它与心不相应，这是本经的特义，亦可以说是如来藏的特义。现在对此特义作简略说明：

如来藏见一切法，是"唯心所自见"，这即是将外境当成是客观的存在，心见外境如是，则只是主观对客观的认知，所以并不认为外境可以由心生起。

这就不同唯识宗的"唯识无境"。唯识无境是认为外境一切法都由心识变现而成，若离心识，则不能成立外境，当这样说时，便可以说心是外境的生因。

中观宗则有"一切法唯心造"的说法。说一切法唯心造，似乎跟唯识无境相同，其实不是，因为层次较高。说一切法唯心造并不是说一切法依心识而成立，只是说对外境的认识须依心识。同样一个外境，我觉得很美，你觉得不美，这便是"唯心造"了。所以"唯心造"并不是说外境须依心识而变现，只是说心识对外境有不同的认识。前者否定外境的客观存在，绝对唯心，后者则只是主观认识的问题，未否定客观的外境，然而，既落于主观认识，亦可以说心是外境的生因。

如来藏见一切法是"唯心所自见"，只是外境如是便见为如是，那就是绝对的客观。心识对外境的认识，只起认识的功能，不存在肯定与否定。这样说时，一切法的存在与显现便与心不相应，亦即这些存在与显现并不由心识成立，只由心识执著。由是便不能说心是外境的生因。

对于摄入一乘之第四种义理，必须明白上面所说，才能理解。上面的说法，其实已经非常简略，如果依唯识家、天台家、华严家等说法，可以分别成为一本专论。

现在解释经文。这里是先说四住地，与及由四住地所起的"起烦恼"（唐译"遍起烦恼"，藏译"遍行烦恼"）。起烦恼刹那生起，心亦刹那与之相应。

依这段经文，即说三界众生的我执烦恼，亦即依身见而起的烦恼，下文还说到这亦即是阿罗汉与辟支佛所能断除的烦恼。如是即与心不相应的无明住地,亦即法执的烦恼相对,由是引起下文。

【刘宋译】世尊,心不相应无始无明住地。世尊,此四住地力一切上烦恼依种,比无明住地算数譬喻所不能及。

世尊,如是无明住地力,于有爱数四住地,无明住地其力最大,譬如恶魔波旬,于他化自在天色,力寿命眷属众具自在殊胜。

【唐译】世尊,无明住地,无始时来心不相应。世尊,四住地力,能作遍起烦恼所依,比无明地,算数譬喻所不能及。

世尊,如是无明住地,于有爱住地,其力最大,譬如魔王色力威德及众眷属,蔽于他化自在诸天。

【释义】此处第一段经文若依藏译重译,应该译为:

世尊,无始时来,有无明住地与心不相应。世尊,此一切遍起烦恼所依之四住地力,与无明住地相比,算数譬喻所不能及。

比较起来,唐译与之相近,刘宋译造句比较粗糙,这应当与笔受者有关。

要了解无明住地何以与心不相应,同时具有超过四住地的力,应当由宁玛派所说的"三无明"来理解。在笔者主编的《九乘次第论集》中,有说"三无明"一段,今引述如下:

一、"识"中之一分,以不能了知本始清净根本觉之如实自性故,是为"一味自因无明"(rgyu bdag nyid gcig pa'i ma rig pa)。

二、于观察外生之法尔所成显现时,不能体悟其为自显现及无自性,是为"俱生无明"(lhan skyes kyi ma rig pa)。

普贤王如来亦有此二〔无明〕,但因有智慧生起,故能引其至解脱境,而不致漂泊于轮回。

三、众生因不能证悟力用(rtsal)实为自体性与自力,寻伺为无自性,由是而堕"能""所"二边。复次,于〔人法〕二我中起遍计,恒思"我由彼生"或"彼由我生"。此乃"遍计无明"(kun brtags kyi ma rig pa)。

三种无明中,第三种遍计无明,实由"寻伺"而成,与心相应,所以不能影响无明住地令其具有大力。可是第一种一味自因无明与第二种俱生无明,则与遍计无明不同,他们不由寻伺而成,不由心识力用而成,实为法尔,亦即自然而然而起,所以经中说是无始以来即有。令无明住地具有大力,即是这两种无明。

这两种无明为什么能令无明住地具有大力,此中实有密意,现在先依照文字(言说)来说。

一味自因无明是心识的本能。心识的本质就是分别,而且一定是依识境中的名言与句义而作分别,所以便自然不能了知根本觉的自性为本始清净,因为根本觉是离名言句义的觉知,亦即离分别的觉知,这便不是识境中本来具分别的觉知。至于说普贤王如来亦有这种无明,依外义可以这样理解:普贤王如来是法身,一落于识境即成色身。佛于究竟涅槃时证得自然智,其内自证智即是普贤王如来,然而,于证自然智同时即起后得智。由是可说,自然智与后得智双运,亦即如来法身与色身双运,因此便有心识本质的一味自因无明。任何人成佛都是这样。

至于俱生无明,当用心识观察外境时,由于心识的分别,自然对外境的显现施设种种生因,此由彼生,彼由此生,没有一样事物,我们不替他建立生因。即使佛家所说的"缘生",其实亦是生因的施设。至于"唯识无境"说一切法由心识变现,那便更是施设,所以这便是与生俱来的无明。因为心识即与生俱来,心识的分别功能亦与生俱来,是亦为法尔。法身与色身双运时,自然便有这种无明。

这两种连普贤王如来都具有的法尔无明,由于是法尔,所以与心不相应,同时具有大力,令其无明住地亦大力。说有大力,可以从"普贤王如来亦有此二无明"这句话来理解,因为法尔即不能断(谁能断自然而然的自然呢)。

那么,释迦成佛为什么又可以称为涅槃呢?那是因为已有自然智生起,自然智既与后得智双运,由后得智而成的两种无明,便因自然智的引导,不起落于无明住地的力用,由是即成解脱。

上面所说,法义甚深,初学者可能难于理解,但耐心通读全经之后,回头再看本文即当能理解。现在只需要知道,有两种法尔无明能令无明住地具有大力,这样也就够了。

经言:"如是无明住地力,于有爱数四住地,无明住地其力最大。"比较唐译:"如是无明住地,于有爱住地,其力最大。"刘宋译较为严谨,但造句艰涩,可依藏译改译为:"如是无明住地力,于包括有爱住地在内的四住地,其力最大。"

这样的改译,看起来似乎跟唐译相同,其实有点出入。唐译:"如是无明住地,于有爱住地,其力最大。"说的是"无明住地",改译所说则是"无明住地力",唐译少了一个"力"字,便有点不严谨。

经文说的是无明住地力对有爱住地的影响,影响很大,所以说其力最大。影响有爱住地的,是无明住地力,而不是无明住地,所以唐译未够严谨。这不严谨,在一般情况下不重要。例如我们说:这孩子受父亲影响。那便很明白了,不需要严谨地说:这孩子受父亲的影响力影响。但在佛学上,由于宗派林立,每一宗派都有很严谨的名言(这其实可以说是讽刺,因为佛学的究竟即是离言)。如果说,无明住地于有爱住地其力最大,就会给人指责,说是将无明住地和有爱住地建立为实体。一如世俗,将父亲和孩子建立为实体(这时,他们当然会引经据典,依自宗的学说来铺张),由是便可以指责,如来藏思想建立"真常"的实体,而且是离缘起来建立、用一个场所来建立,所以不是佛说,是外道说。为了避免这种情形出现,因此笔者便要在这里强调译笔的严谨,译为"无明住地力",便只是说无明住地的功能,不得牵涉到实体。事实上,现在指责如来藏的人,亦实在未依梵本或藏译来指责,他们只是依汉译来断章取义,然后根据他们自己的理解,再加上他们执著自宗的道名言,这样便将如来藏加以否定,亦即对一佛乘加以否定。这种情形,有毁灭佛法的危险,而且将佛法陷入唯心,失去佛家辩证的中道见。笔者在此申明须依藏译改译为"无明住地力",顺便发点小牢骚,实在不得已,尚望读者见谅。

经文所说:无明住地的影响力,对有爱等四住地影响最大,特别提出有爱住地,是因为此住地周遍三界。三界都有有爱住地,亦即有爱住地决定三界的轮回,所以便不需要更说无明住地力对欲爱住地、色爱住地的影响。

所谓有爱,就是我们落在"有"的范限之内。我们用名言句义将一切法建立成为有,我们因此就变成无明,生活在有爱住地。我们为什么会建立成有呢?则正是因为无明住地力影响。

既受影响,将一切事物、一切概念都执著成"有",再依心识的本能,将一切"有"加以分别,由是我们即依此有爱住地不断轮回。所以,若欲断除轮回,其实就是等于怎样对付无明住地力对我们的影响。

笔者常将如来藏譬喻为荧光屏及屏上的影像,在这里,便可以依譬喻来说,影像世界中的人,不认识荧光屏,亦不认识荧光屏上的影像世界其实是影像,所以便在这影像世界中不断建立有爱,不断轮回。他们的不认识,实即缘于将影像世界执为实有,这执为实有,则缘于无明住地力。

譬如,佛说一切法如梦如幻,我们对此很难理解;佛说无生,我们对此亦很难理解,甚至因此生起恐怖,这便是由于无明住地力的影响,令我们对出离有爱住地生起疑惑与恐惧。

经中将无明住地力譬如为恶魔波旬,说言:"譬如恶魔波旬于他化自在天,色力寿命眷属众具自在殊胜。"这即是说,恶魔波旬具足由有爱住地所建立的色、力、寿、命、眷属,是即将恶魔波旬比喻为无明住地力。说是在他化自在天,则是由于婆罗门教将他化自在天建立为造物主,一切诸法都由他化自在天主造成,所以才说恶魔波旬在此天中作种种建立。

【刘宋译】如是无明住地力于有爱数四住地,其力最胜,恒沙等数上烦恼依,亦令四种烦恼久住,阿罗汉辟支佛智所不能断,唯如来菩提智之所能断。如是世尊,无明住地最为大力。

【唐译】如是无明住地蔽四住地,过恒沙数烦恼所依,亦令四种烦恼久住,声闻独觉智不能断,唯有如来智所能断。世尊,如是如是,无明住地其力最大。

【释义】这句经文,说无明住地力有两种功能。一者,为恒河沙数烦恼所依;二者,令四种烦恼久住。这两种,便即是无明住地对有爱住地等四住地的影响力,因为能生这两种影响,是故说无明住地其力最大。

现在,即可依密意一说上面所说的两种无明,以及两种无明何以令无明住地能生大力,此中密意即是如来藏。

关于一味自因无明,即是不知平等一味的自因,亦即不知清净大平等性。依如来藏思想,一切诸法的存在与显现(一切诸法的"有"),都是"自显现"。强调"自"显现,即是说并非由造作而成,而是由"任运"而圆成。所谓任运,即须由相碍缘起而说。一法的圆成,都要适应对这一法的相碍,以我们这个世间的人为例,我们便要适应很多局限才能圆成。例如时空、空气的成分、水的成分、食物的成分,如是种种都非适应不可,更不要说遗传因子这个重要的适应因素了。所以一个人,实在是适应局限圆满,然后才能圆满成立,这个适应便称为"任运"。有什么相碍,我们便随相碍而适应,此即任其相碍而适应,从而运作。由是说为"无功用"、不假人为、自在随缘。

任运圆成实在基于大平等性,因为在法界中一切世间平等,一切世间中诸法平等。说为平等,是因为平等而具足如来法身功德,此功德无所偏私,周遍一切界。依此功德,一切诸法才得以任运圆成。这功德又建立为两分:一名"现分",即是周遍法界的生机,有此生机,诸法才可以由任运而圆成;一名"明分",这即是一切诸法的区别分,例如人与蚂蚁有所区别，此即人依其区别分而任运，而蚂蚁亦依其区别分而任运，由是即成显现不同、具区别的"明相"（区别显现相）。

依上面的说法，我们便可以说，一切诸法的生因为"一味自因"。说为"一味"，即是平等；说为"自因"，即是以任运圆成的自显现为因，自任运，自圆成，所以自显现。说如来藏是如来内自证智境界上有识境随缘自显现，便即是以一味自因来建立识境。

由于"识"中有分别分，这分别分甚至还是识的本质，所以当觉知事物的时候，便只能依分别而觉。当依分别而觉时，便只能依识觉的名言句义而觉，由是即不能了知依一味自因而觉的本觉自性（本觉自性即是依一味自因而觉的觉性）。

说普贤王如来亦具有一味自因无明，依密意来说，即是说我们的心性。我们的心本初具足佛性，所以可以将我们的心性说为普贤王如来，然而，由于宿生以来的习气，由于无明住地力，这便令具足佛性的心同时具有无明。种种无明实以"一味自因无明"为基础（住地），因为由昧于一味自因，才会建立一切诸法中每一法各自为有，且由是成立人我、法我。如是即可说普贤王如来亦具有这种无明。

无明住地的力，可以令具本初佛性的心亦起无明，所以说无明住地具有大力。

现在再说俱生无明，这其实跟上面的说法相同。外生的一切法（外境），其实都是任运而成显现，任运即是自然、即是法尔，因此一切诸法的自显现都是法尔。由于法尔，便只能说一切诸法都是自显现，而且无自性，因为一切诸法都平等地以本性为自性，这里说的本性即是如来法身自性，亦即是究竟空性。当昧于一味自因无明时，当然同时就会昧于俱生无明，因此便可以说普贤王如来亦具有这种无明。

无明住地具有两种功能，即因心性具有两种无明而致。由于有一味自因无明，即令一切烦恼生起。亦即对一切诸法建立生因时，即同时建立一切烦恼；由于有俱生无明，所以令四烦恼久住。亦即不能究竟建立诸法自显现、无自性，是即无论用什么理论来建立"无自性空""空无自性",实在仍然未能断灭无明,因为一切理论都只是识境的名言与句义。依名言与句义来建立,即是未离识境,未离识境即成无明住地。

说到这里,我们便可以知道,无明住地何以有此大力,令阿罗汉、辟支佛、大力菩萨都不能断尽无明。

【刘宋译】世尊,又如取缘有漏业因而生三有,如是无明住地缘无漏业因,生阿罗汉辟支佛大力菩萨三种意生身,此三地彼三种意生身生,及无漏业生,依无明住地,有缘非无缘,是故三种意生身及无漏业缘无明住地。

【唐译】世尊,如取为缘有漏业因而生三有,如是无明住地为缘无漏业因能生阿罗汉及辟支佛,大力菩萨随意生身,此之三地随意生身及无漏业,皆以无明住地为所依处,彼虽有缘亦能为缘。世尊,是故三种随意生身及无漏业,皆以无明住地为缘。

【释义】承接上段经文说阿罗汉、辟支佛、大力菩萨未离识境,由此而说他们的意生身(三种意生身)。意生身虽依无漏业而生,但亦实依无明住地而生,所以便可以说"三种意生身及无漏业缘无明住地",由是说无明住地有大力。

有情的生起,必以业为因,所以经中先说三有缘有漏因而生。有漏业依四住地及无明住地为缘,如是生起三有。

三有有两种解释,一是:欲有、色有、无色有,是即三界;一是:生有、本有、死有。生有指入胎的一刻,本有指人由生到死的阶段,死有指人临终的一刻。无论是哪一种三有,都必然以有烦恼的业为因(有烦恼即是有漏),这烦恼业当然即依于四住地及无明住地。

阿罗汉、辟支佛虽已离有漏业,是故不依有漏业因而落三有,然而他们却依然具有无漏业,且以此无漏业为因而成意生身,无漏业须有所依止(缘),此依止处便即是无明住地。

总的来说,即是阿罗汉等虽因无漏而不缘四住地,但却因无漏业而缘无明住地。这即是说,无论是有漏的三有,无漏的三种意生身,都依缘无明住地。这样一来,便不能说得三种意生身便是涅槃,因为涅槃即不再依缘无明住地。

在这里,或者会有一个疑问,前面说,即使普贤王如来亦有两种无明,那么,为什么不可以说涅槃亦依无明住地呢?关于这个问题,须依密意来理解。在名言上,说普贤王如来有两种无明,但我们在前面已解释过,这实在是依根本智与后得智双运来说,由于是双运,所以便不能光看后得智这一边。后得智虽然非有两种无明不可——否则连释迦牟尼都不能在这个世间生活,譬如说,他必须生长在三度空间的立体世界——但正由于后得智与根本智双运,所以这后得智便不能说是依缘无明住地,因为在双运时,两种无明已依缘于双运智,再不以无明住地为缘。因此前面已经说:"但因有智慧生起,故能引其至解脱境,而不致漂泊于轮回。"是即不更依无明住地。

【刘宋译】世尊,如是有爱住地数四住地,不与无明住地业同,无明住地异离四住地,佛地所断,佛菩提智所断。何以故?阿罗汉辟支佛,断四种住地,无漏不尽不得自在力,亦不作证,无漏不尽者,即是无明住地。

【唐译】同于有爱,世尊,有爱住地,不与无明住地业同,无明住地异四住地,异四住地唯佛能断。何以故?阿罗汉辟支佛,断四住地,于漏尽力不得自在,不能现证。何以故?世尊,言漏尽之增语。

【释义】依据上面说法,便可以得出结论:四住地业不同无明住地业。正由于其业不同,所以四住地即与无明住地不同,因此阿罗汉等虽然能离断四住地,却不能说他亦能断无明住地。

说阿罗汉等不能断无明住地,两种汉译都译得有问题,此段经文应改写为:

何以故?阿罗汉辟支佛虽断四种住地,但其尽漏之力却不得自在，不成现证〔涅槃〕。说为尽漏，只是增语，实际上仍依无明住地。

这样改译，意思便明白许多，无须更作解释。

这里说"尽漏"只是"增语"，是因为在一些经典上说阿罗汉及辟支佛已经"尽漏"，是故须要指出，所谓"尽漏"并不是说他们的无漏业亦尽，因此"尽漏"便只是言说上的增上，并不是究竟的密意。

大致上来说，相对于密意，凡言说都可以说是增上，例如说"自性空"，亦是增上，因为一切诸法都无自性，既无"自性"，何以又能说为"自性"空呢？这即是为了说空性，便外加"自性"这个名言来作言说。这种外加便是增上，在言说上作增上是须要的，否则便很难表达一个意思。譬如我们说这个瓶是空性，无论你怎样说空，瓶子分明就在眼前，因此我们便须要加"自性"这个名言来说，说为"瓶自性空"，若不作此增上，就不能说现前的瓶子为空。但依密意来说，却必须知道言说的增上并非实际，不能因为说"自性空"，便认为一切诸法真的有一个"空"的自性。

所以说阿罗汉、辟支佛"尽漏"，我们应该依密意而理解，实际上只是说他们的有漏业尽，并不说其无漏业亦尽。

关于无漏业，我们不能因为无漏，便认为无漏业无须尽，凡有业力，都成为生死因，所以阿罗汉、辟支佛都不能断变易生死，是故不得涅槃。

【刘宋译】世尊，阿罗汉辟支佛最后身菩萨，为无明住地之所覆障故，于彼彼法不知不觉；以不知见故，所应断者不断、不究竟；以不断故，名有余过解脱，非离一切过解脱；名有余清净，非一切清净；名成就有余功德，非一切功德。以成就有余解脱有余清净有余功德故，知有余苦、断有余集、证有余灭、修有余道，是名得少分涅槃。得少分涅槃者，名向涅槃界。

【唐译】是故阿罗汉辟支佛，及最后有诸菩萨等，为无明地所覆蔽故,于彼彼法不知不见;以不知见于彼彼法,应断不断,应尽不尽;于彼彼法不断不尽故,得有余解脱,非一切解脱;得有余清净,非一切清净;得有余功德,非一切功德。世尊,以得有余解脱非一切解脱,乃至有余功德非一切功德故,知有余苦、断有余集、证有余灭、修有余道。尔时,胜鬘夫人复白佛言:世尊,若复知有余苦,断有余集,证有余灭,修有余道,是名少分灭度,证少分涅槃,向涅槃界。

【释义】阿罗汉等既未能断无明住地,所以便依然受无明住地之所覆障。由此覆障,即有种种有余不尽,环环相扣,由是不得究竟涅槃,只能称为"向涅槃界"。

经中说此环环相扣的过失,即是:

由于无明住地覆障,所以对一切诸法中任何一法都不知不见,亦即知见上未能究竟。

由于知见未究竟,所以未能断所应断,只能得到"有余过解脱",非离一切过的究竟解脱。

由于所得只是"有余过解脱",所以便只能得到"有余清净",非一切清净;只能得到"有余功德",非一切功德。

由此环环相扣,即可见一切过失的根源在于无明住地。以无明住地为基,由是所证都是"有余",有余即是尚未究竟。以此之故,即连四谛亦未能究竟现证,经中说为:"知有余苦、断有余集、证有余灭、修有余道。"这即是:于苦未能知一切苦,尚有余苦未知;于集未能断一切集,尚有余集未断;于灭未能证一切灭,尚有余灭未证;于道未能修一切道,尚有余道未修。言下之意,即是唯一佛乘于四谛始能究竟,由是引起下文。

【刘宋译】若知一切苦,断一切集,证一切灭,修一切道,于无常坏世间,无常病世间,得常住涅槃,于无覆护世间无依世间,为护为依。

【唐译】若知一切苦,断一切集,证一切灭,修一切道,彼于无常败

坏世间,得证常寂清凉涅槃,世尊彼于无护无依世间,为护为依。

【释义】如果"知一切苦,断一切集,证一切灭,修一切道",那就是无余了,无余亦即究竟。于一佛乘,始能究竟四谛。由究竟故,才能在我们这个无常、坏、病世间得"常住涅槃"。

说涅槃为常、住,是与无常、坏、病世间相对。常与无常相对,住与坏、病相对。世间的究竟即是无常、坏、病,一切诸法到底都必无常、坏、病;出世间的究竟,即是常、住。因此,这里所说的相对,是究竟相对,而不是分高下、优劣的相对。

下文所说,即与究竟相对有关。

【刘宋译】何以故?法无优劣,故得涅槃;智慧等,故得涅槃;解脱等,故得涅槃;清净等,故得涅槃。是故涅槃一味、等味,谓解脱味。

【唐译】何以故?于诸法中,见高下者不证涅槃,智平等者,解脱等者,清净等者,乃证涅槃,是故涅槃名等一味,云何一味,谓解脱味。

【释义】上面说阿罗汉等于一切诸法未能了知,原因即在于不能悟入大平等性。未能悟入大平等性,即不能于平等中究竟相对。这即是说,他们要有所断,是分优劣而断,亦即分别善与不善而断,如是即不能离分别而平等。甚至对于世间与出世间,他们亦分善与不善,世间当然是不善,出世间当然是善,有此分别,世间与出世间即不平等,佛与凡夫即不平等。

所以阿罗汉等的出离,是有作意、有分别而求出离。凡有作意,必依分别,这就是受到无明住地力的影响。佛何以能得究竟涅槃,无非只是现证大平等性而知见一切诸法,于大平等性中知见,即成究竟。

因此,经中强调智慧平等、解脱平等、清净平等。这亦即是说,涅槃与轮回平等、佛与凡夫平等。亦可以说是善与不善平等、世间与出世间平等。强调大平等性,是如来藏的根本思想,倘若不平等,便不成双运,因为既有善与不善的分别,则善与不善何从双运。

在如来藏思想中,说善与不善平等,可能引起怖畏,依世间心识,总觉得非将善与不善作分别不可,否则善人便与恶人相等,变成善恶不分。若依如来藏思想,便认为虽然在识境中应有善恶的分别,但所谓善恶,实在是依名言句义而成相对,如果名言句义尽、分别尽、相对尽,便可以说善与不善平等。这是超越识境的说法,因为一定要超越识境,才能够住入如来藏境界。

如来藏思想不否定世间,所以在识境中有善不善,由是有因果。但若说成佛,则必须超越识境,现证智识双运的境界,即使如来法身不成显现,亦须现证佛内自证智及其功德,是亦即智境与识境双运。至于色身,当然更是智识双运,根本自然智是智境,后得智则是识境,二者不离不异,无有优劣,是即智平等;二者无舍无离,是即解脱平等;二者无善不善,是即清净平等。

由此大平等性,经言"涅槃一味、等味",这一味、等味便即是解脱味。

【刘宋译】世尊,若无明住地不断不究竟者,不得一味、等味,谓明解脱味。何以故?无明住地不断不究竟者,过恒沙等所应断法,不断、不究竟,过恒沙等所应断法不断故,过恒沙等法应得不得、应证不证,是故无明住地积聚生一切修道断烦恼上烦恼。

【唐译】世尊,若无明地不断不尽,不得涅槃一味、等味。何以故?无明住地不断不尽故,过恒沙等一切过法,应断不断,应尽不尽,过恒沙等一切过法不断不尽故,过恒沙等诸功德法不了不证,是故无明住地,与于一切所应断法诸随烦恼为生处故。

【释义】无明住地"不断不究竟",是因为对大平等性未能知见,所以说"不得一味、等味",是即不得唯一,不得大平等。这一味、等味,即是"明解脱味"。说为"明解脱",相对的便是由无明而轮回。

说无明住地不断不究竟,即是说对一切所应断的诸法未能尽断,是故不究竟。未能尽断的原因,便是由于有前面说过的法执。此如小乘行人,由言说来执著四谛,便始终落入识境,这便是依言取义的法执;又如落入唯空见的菩萨乘行人,以空性为真实,当说一切诸法空性时,便以为能依空性证入真实,这亦是依言取义的法执。前面说,由法执成立无明住地,便是这个意思。

如果拿荧光屏的譬喻来说,所谓法执,便即是住在荧光屏影像世界的人,心识未能离开影像世界,只在影像世界中作种种分别,分别为清净与污染,对于认为清净的诸法则生执著,不肯舍离,而且将此诸法看成是实有,因此,这些执著便成为无明住地。

对所应断法不断不究竟,则令"过恒沙等法应得不得、应证不证",是即应断不断而致应得不得、应证不证。这样一来,便导致"无明住地积聚生一切修道断烦恼上烦恼"。

经文"无明住地积聚生一切修道断烦恼上烦恼"一句,译得艰涩,唐译作"无明住地,与于一切所应断法诸随烦恼为生处故",则译得有缺漏。依藏译,这句经文应理解为:"无明住地,是一切修道所应断之烦恼,以及其随烦恼的生处。"这即是说,应断未断的烦恼以及其随烦恼,都以无明住地为根源。亦可以说,实以法执为根源,也就是未能现证"法无我"。

【刘宋译】彼生心上烦恼、止上烦恼、观上烦恼、禅上烦恼、正受上烦恼、方便上烦恼、智上烦恼、果上烦恼、得上烦恼、力上烦恼、无畏上烦恼,如是过恒沙等上烦恼,如来菩提智所断,一切皆依无明住地之所建立,一切上烦恼起,皆因无明住地缘无明住地。

【唐译】从于彼生,障心烦恼,障止烦恼,障观烦恼,障静虑烦恼,如是乃至障三摩钵底,加行智果证力无畏,所有过恒沙等一切烦恼,如来菩提,佛金刚智之所能断,诸起烦恼,一切皆依无明住地,无明住地为因缘故。

【释义】由于有应断未断的烦恼及其随烦恼，便引生"心上烦恼、止上烦恼、观上烦恼、禅上烦恼、正受上烦恼、方便上烦恼、智上烦恼、果上烦恼、得上烦恼、力上烦恼、无畏上烦恼"。这段经文，应依唐译理解为"障心烦恼、障止烦恼、障观烦恼、障禅烦恼、障正受烦恼、障方便烦恼、障智烦恼、障果烦恼、障得烦恼、障力烦恼、障无畏烦恼"。这些作障的烦恼，其实即是随烦恼，亦可以说是随着烦恼而起的支分烦恼。

这里说受随烦恼障的种种，如心、止、观以至力、无畏，都是修行道上的基、道、果。心即为基；止、观、禅、正受、方便等即为道；智、果、得、力、无畏等即为果。

这里说的随烦恼，依《俱舍论》可分为三类：

1. 大烦恼地法，指放逸、懈怠、不信、昏沉、掉举；

2. 大不善地法，指无惭、无愧；

3. 小烦恼地法，指忿、覆、悭、嫉、恼、害、恨、谄、诳、憍十种，及不定地法中之睡眠、恶作。

若依《成唯识论》，三类随烦恼便是：

1. 小随烦恼，指忿、恨、覆、恼、嫉、悭、诳、谄、害、憍十种；

2. 中随烦恼，指无惭、无愧二种；

3. 大随烦恼，指掉举、昏沉、不信、懈怠、放逸、失念、散乱、不正知八种。

将受障与作障二者比较，便可以知道二者的关系。例如障心，便可以说二十种随烦恼都可以作障；又如障止、障观等道上种种，便可以说是中随烦恼与大随烦恼等十种作障；又如障智、障果等果上种种，便可以说是不信、不正知作障。

此中所说的正受，即是行者的正觉受。行者于修止观时，由决定见生起觉受，若不正知，则觉受不正，所以正受即由正知而起。

此中所说的智，即由正受而生起，由正受而起一心理状态，这心理状态便可以称为智境。

此中所说的果，即依智观修而得一现证，现证时的心理状态，便即是果。

此中所说的得,即由现证果而有所得,可以说是对现证时心理状态的体会。

此中所说的力、无畏①,即由有所得时,于观修中自然而然起的功能。

这些随烦恼障碍修行人于基、道、果的观修,唯佛智能断。行人于观修时未得佛智,便只能随着观修的程度来次第断除。例如,先能断小随烦恼,然后断中随烦恼,再次第断大随烦恼。这里说的断,并不是有作意而断,而是依着观修的逐步深入而得自然断除。例如当行者于观修时,既得正受,于止观中便复能得方便(例如得入等至)。这逐步深入,便即是超越,超越一个状态到另一个状态,则前一状态的随烦恼便自然消失,所以对于随烦恼实在不是有作意的断除。

【刘宋译】世尊,于此起烦恼,刹那心刹那相应。世尊,心不相应无始无明住地。

世尊,若复过于恒沙如来菩提智所应断法,一切皆是无明住地所持、所建立。譬如一切种子,皆依地生,建立增长,若地坏者,彼亦随坏。

---

① 依《自在王菩萨经》所示:佛告自在王,有阿惟越致菩萨,已久习行得无生法忍住第八地入第九地,为般若波罗蜜方便所护,如是菩萨则能具成菩萨"十力""四无所畏""十八不共法"。今将力、无畏分述如下:

(一)"菩萨十力"。即(1)发深坚心力,为萨婆若(汉译为一切种智,是诸佛究竟圆满果位之大智慧)故;(2)不舍一切众生力,具慈心故;(3)具大悲心,不求一切利养故,舍一切世界饰好故;(4)具大进力,信一切佛法故,能成是法故,心不退没故;(5)住不动定力,行念安慧故,不坏仪法故;(6)具般若波罗蜜力,离二边故,顺缘生法故,断一切见不别戏论故;(7)于生死中无疲倦力,成众生故,受无量生死故,习善德无厌足故,信解有为法如梦故;(8)无生法忍力,观诸法相故,无我无人无众生故,信解不生不起法故,信乐无生法论故;(9)得脱门力,入空无相无作法故,观诸脱门故,得声闻辟支佛乘解知见故;(10)具无碍智力,于深法中不随他智故,观一切众生心所行故。

(二)"菩萨四无所畏"。即(1)得陀罗尼故,一切所闻能持故,常不忘念故,于大众说法无所畏;(2)随一切众所信解而为说法,如随病合药,知见一切众生诸根,随应说法,于大众中而无所畏;(3)是菩萨众中说法无所疑难,无有东方南方西方北方有来问我我不能答,乃至无有微畏之相,恣于众生之所问难,随问为答而无所畏;(4)善能断疑故,于大众中说法无所畏。

如是过恒沙等如来菩提智所应断法，一切皆依无明住地生、建立、增长。若无明住地断者，过恒沙等如来菩提智所应断法，皆亦随断。

如是一切烦恼上烦恼断，过恒沙等如来所得一切诸法，通达无碍一切智见，离一切过恶，得一切功德法王法主而得自在，登一切法自在之地。

如来应等正觉正狮子吼，我生已尽，梵行已立，所作已办，不受后有。是故世尊，以狮子吼依于了义，一向记说。

【唐译】世尊，此起烦恼，刹那刹那与心相应。世尊，无明住地从无始来心不相应。

世尊，若复过恒河沙如来菩提，佛金刚智所应断法，一切皆是无明住地，依持建立。譬如一切种子丛林，皆依大地之所生长，若地坏者彼亦随坏。如是过恒沙等如来菩提，佛金刚智所应断法，一切皆依无明住地之所生长。若彼无明住地断者，过恒沙等如来菩提，佛金刚智所应断法，皆亦随断。

如是过恒沙等所应断法，一切烦恼及起烦恼，皆已断故，便能证得过恒沙等不可思议诸佛之法。于一切法，而能证得无碍神通，得诸智见离一切过，得诸功德为大法王。于法自在，证一切法自在之地。正狮子吼，我生已尽，梵行已立，所作已办，不受后有。是故世尊，以狮子吼，依于了义一向记说。

【释义】随烦恼与心相应，无明住地与心不相应，这一点前面已经提过。今说"若复过于恒沙如来菩提智所应断法，一切皆是无明住地所持、所建立"，即是说无明住地所持、所建立的随烦恼，唯有佛智（如来菩提智）才能断除。

前面已经说过，所谓断除其实是超越，当恒沙数如来证得菩提智时，即已超越一切而成无上，所以这是最高的超越，唯有由此超越，才能自然而然断除无明住地所持、所建立的烦恼及随烦恼。这即是由根本来断除，而不是针对个别的烦恼、随烦恼来别别断除。也就是说，当能超越世间，现证如来智时，由于已超越与心不相应的无明住地，所以一切烦恼、随烦恼便亦即根除。对于根除，用大地作比喻，大地坏时，一切种子亦坏。

佛智何以能够根除一切烦恼、随烦恼？这是由于佛证一切种智而成涅槃。由于是一切种智，此智无边，所以即遍知一切诸法平等一味。因为平等，所以才能称为究竟涅槃。

依《大智度论》(卷八十四)：声闻、缘觉所证为"一切智"，这是了知一切诸法总相之智，所谓总相，即是空相；菩萨所证为"道种智"，这是了知一切诸法别相之智，所谓别相，即是诸法的差别。佛所证为"一切种智"，这是了知一切诸法总相及别相之智。由所证智不同，便可以理解为什么阿罗汉、辟支佛不能现证究竟涅槃，只知总相，不知别相，便仍然落于一切诸法的差别而不了知，由是便不能遍知一切诸法平等一味。

经文由是接着说，当一切烦恼、随烦恼断时，无数如来(过恒沙等如来)即得一切诸法，得一切智见，离一切过恶，得一切功德而登一切法自在之地。所谓一切法自在之地，即是佛内自证智境界。在智境中含藏一切法，亦即含藏一切法异门，所以说一切法自在。四谛、十二因缘、六波罗蜜多等诸法，无不于佛智中自在，是故可依佛智密意来自在建立言说。这也即是说，依佛内自证智为根本，从而建立言说，说一切法异门。

正由于此，佛说解脱四智："我生已尽，梵行已立，所作已办，不受后有。"若依于了义，即是狮子吼，这便不同二乘行人对解脱四智的不了义现证。了义的解脱四智，说我生已尽，是现证无生；说梵行已立，是现证无碍；说所作已办，是应断已断，应证已证；说不受后有，是得无上正等正觉及大涅槃。

【刘宋译】世尊，不受后有智有二种，谓如来以无上调御，降伏四魔出一切世间，为一切众生之所瞻仰，得不思议法身；于一切尔焰地，得无碍法自在;于上更无所作无所得地,十力勇猛升于第一无上无畏之地;一切尔焰无碍智观不由于他,不受后有智狮子吼。

【唐译】世尊,不受后有智有二种。何谓为二:一者谓诸如来以调御力,摧伏四魔超诸世间,一切有情之所瞻仰,证不思议清净法身;于所知地得法自在;最胜无上更无所作,不见更有所证之地,具足十力,登于最胜无畏之地;于一切法无碍观察,正狮子吼,不受后有。

【释义】五、不受后有智。

不受后有智有两种,今说第一种。

第一种是如来的不受后有智,这可以用四无畏来说。

一、是正等觉无畏,是即由现证等觉而觉知一切诸法,是故即由住于正见而无所怖畏,不受屈伏。

二、是漏永尽无畏,是即断尽一切烦恼,无外难可成怖畏。

三、是说障法无畏,是即阐示修行障碍之法,对一切非难无所怖畏。

四、是出苦道无畏,是即宣说出离世间之道,无罣碍而无所怖畏。

经中说"降伏四魔出一切世间"、"得不思议法身",四魔是蕴魔、烦恼魔、死魔、天子魔。此中蕴魔即是五蕴,人执著五蕴为自我,是即蕴魔;烦恼魔即前说四住地及无明住地所生的一切烦恼;死魔即落于生灭现象的世间见;天子魔即自然灾害以及由王法带来的灾难。由降伏四魔,得出一切世间,是即出苦道无畏。

经中说"于一切尔焰地,得无碍法自在。"尔焰是梵文 jñeya,意思是"智境"。如来于一切智境中无碍而得法自在,由是可说一切法异门,用以阐示修行障碍之法,是即说障法无畏。

经中说"于上更无所作无所得地,十力勇猛升于第一无上无畏之地"。这是由于已断尽一切烦恼,于上更无超越(所以说为"于上更无所作无所得地"或"不见更有所证之地"),是即漏永尽无畏。

经中说"一切尔焰无碍智观不由于他",即是佛由通达一切法而无碍,证不由于他的自然智(唐译失此义),是即正等觉无畏。

【刘宋译】世尊,阿罗汉辟支佛,度生死畏,次第得解脱乐,作是念,我离生死恐怖不受生死苦。世尊,阿罗汉辟支佛观察时,得不受后有,观第一苏息处涅槃地。

【唐译】二者谓阿罗汉及辟支佛,得度无量生死怖畏,受解脱乐,作如是念,我今已离生死怖畏,不受诸苦,世尊,阿罗汉辟支佛,如是观察谓不受后有,不证第一苏息涅槃。

【释义】不受后有智的第二种,是阿罗汉及辟支佛的智。

阿罗汉及辟支佛既已断分段生死,度生死怖畏,由是次第得解脱乐,这便是他们的解脱四智中的前三智。断分段生死是"我生已尽"、度生死怖畏是"梵行已立"、得解脱乐是"所作已办"。阿罗汉及辟支佛由此观察,便以为已得"不受后有",然而由于证此三智未成究竟,有余未尽,所以他们所得的其实只是"第一苏息处涅槃地",其证不受后有智的局限即是如此。因此我们也可以说,阿罗汉及辟支佛的"我生已尽,梵行已立,所作已办,不受后有"并非狮子吼。

经言"第一苏息处涅槃地",实指二乘最高果位的现证。"苏息处"(assāsaniyādhammā)意为身心俱灭的境界,二乘即以此为涅槃。二乘行人证得阿罗汉或辟支佛果,所得的苏息处,便是第一苏息处,因为比较得其他果位的行人为上。唐译误解"第一"为佛所证的涅槃,以为是无上、最胜的意思,所以便加一"不"字,译为"不证第一苏息涅槃",实为误译。

将如来的不受后有智与阿罗汉、辟支佛的不受后有智比较,便知二乘必须摄入一乘。因为一乘之所证,可以融摄二乘之所证,而二乘之所证,则跟一乘之所证有很大一段距离。

【刘宋译】世尊,彼先所得地,不愚于法,不由于他,亦自知得有余地，必当得阿耨多罗三藐三菩提。何以故？声闻缘觉乘皆入大乘，大乘者即是佛乘，是故三乘即是一乘。得一乘者，得阿耨多罗三藐三菩提；阿耨多罗三藐三菩提者，即是涅槃界；涅槃界者即是如来法身；得究竟法身者，则究竟一乘，无异如来、无异法身，如来即法身，得究竟法身者，则究竟一乘，究竟者即是无边不断。

【唐译】彼等于未证地不遇法故，能自解了，我今证得有余依地，决定当证阿耨多罗三藐三菩提。何以故？声闻独觉皆入大乘，而大乘者即是佛乘，是故三乘即是一乘。证一乘者得阿耨多罗三藐三菩提，阿耨多罗三藐三菩提者即是涅槃。言涅槃者即是如来清净法身，证法身者即是一乘，无异如来，无异法身，言如来者即是法身，证究竟法身者即究竟一乘，究竟一乘者即离相续。

【释义】六、二乘非皈依处，唯佛为真实依。

"彼先所得地"是承接上段经文而言，指"第一苏息处涅槃地"。二乘行人证入此地，能够自知所得尚未究竟（"得有余地"），尚须现证阿耨多罗三藐三菩提，是即转入大乘（一乘）。

阿耨多罗三藐三菩提，是梵文 anuttara-saṃyak-sambodhi 的音译。anuttara 是"无上"的意思，saṃyak 可译为"正圆"，sambodhi 是"正觉"的意思，合起来即"无上正圆正觉"。这即是佛所证的觉。不过，这梵字又译为"无上正等正觉"，那便是意译，译师知道唯有"平等"才能"圆满"，所以便依密意而作意译。

一乘究竟即现证阿耨多罗三藐三菩提，由是入涅槃现证自然智，是即佛内自证智；佛内自证智的境界，名为如来法身，所以说"得究竟法身者，则究竟一乘"。

经言：一乘"无异如来，无异法身，言如来者即是法身，证究竟法身者即究竟一乘"。那是将"如来""法身"汇合而说，这是如来藏思想的特色，是即将佛内自证智境界视为"如来法身"，如是建立智境；同时将如来法身的功能（如来法身功德）建立识境，由是智境与识境自然双运，因为如来法身必然与其功能双运。所谓"究竟一乘",便即是现证如来藏智。

本段经文最后一句说,"究竟者即是无边不断",唐译作"究竟一乘者即离相续",藏译作"究竟者即与一乘究竟相合",三译意义各各不同,试分别解释如下。

若说"究竟者即是无边不断",那便是说断除一切边见而成究竟。一切世间言说都落名言句义中,名言句义则根据相依、相对而成立,所以都是边见,能尽断除是即究竟。

若说"究竟一乘者即离相续",那便是说得离识境,因为相续即是有为法的因果连续不断,成为前因后果。只有识境才有前因后果,智境则已超越因果,所以离相续便是离识境。

若说"究竟者即与一乘究竟相合",那便是说,所谓"究竟",便即是一乘的究竟。言下之意,除了一乘的究竟便都不是究竟,这样便可以理解为以如来藏的智识双运境界为究竟。

比较三种异译,当以藏译为长,刘宋译亦可相当,唐译只说离识境,实未究竟。

【刘宋译】世尊,如来无有限齐时住,如来应等正觉后际等住,如来无限齐,大悲亦无限齐,安慰世间,无限大悲无限安慰世间。作是说者是名善说如来。若复说言:无尽法、常住法,一切世间之所归依者,亦名善说如来。

【唐译】何以故?世尊,如来住时无有限量,等于后际,如来能以无限大悲无限誓愿,利益世间,作是说者是名善说,若复说言:如来是常、是无尽法,一切世间究竟依者,亦名善说。

【释义】"有限齐时住",意思是所住的时间受局限,如来已超越时间,所以不能说其所住有时间限制。

"如来应等正觉后际等住",意思是说前际与后际平等,由是即无前后际的分别,既无分别,便没有时间的局限,因为所谓时间,只是前际与后际的相续不断,是故若无前后际的分别,即不能成立时间。这一句是解释前句,如来何以没有"有限齐时住",也等于是解释何以没有时间限制。

接下来说"如来能以无限大悲无限誓愿,利益世间",那便是说如来法身功德。如来法身功德具有"现分""明分",由是得成识境自显现,识境中的众生便将这些功德赞叹为如来的大悲。

至于何以如来有此大悲,则看作是依如来的誓愿而成。如来于未成佛时,即有利益世间的悲心,这便是他的本誓,所以当成佛后,即由本誓而成利益世间的功德。这当然是依众生的观点来成立如来的大悲与誓愿,作这样的成立,亦实在是为了利益行人的修行。因为观修如来藏,必须依两种菩提心双运来观修,悲心与本誓,也就即是两种菩提心双运。菩萨证智的境界愈高,本誓便愈大。证智的境界是智,本誓是悲,所以说为智悲双运。然而这本誓实在是为识境而发,所以智悲双运便亦即是智识双运。

正因为这几句经文说的是智识双运,所以说"作是说者,是名善说如来"。

复次,"若复说言:无尽法、常住法,一切世间之所归依者,亦名善说如来",因为如来法身是无尽法、常住法,所以唯有皈依如来,才能说是究竟皈依,所以"作是说者,亦名善说如来"。

所谓"善说如来",依经文的密意,即是善说如来藏。如来藏是如来法身与如来法身功德双运,必须由双运来悟入,才成善说。

【刘宋译】是故于未度世间、无依世间,与后际等,作无尽归依、常住归依者,谓如来应等正觉也。法者即是说一乘道、僧者是三乘众,此二归依非究竟归依,名少分归依。

【唐译】是故能于无护世间、无依世间,与等后际,作无尽归依、常住归依、究竟归依者,谓如来应正等觉。法者是一乘道、僧者是三乘众,此二归依非究竟依,名少分归依。

【释义】这里是说皈依佛、法、僧,唯皈依如来(佛)才是究竟皈依。

因为如来常住,常即无尽,所以无所依怙的世间,恒时都应皈依如来。所谓与后际等,即是恒时。如来是常,皈依亦常,但这不是说皈依者为常,只是说超越三时以皈依,是故为常。

在这里稍微说点题外话。如来法身本来超越时间与空间,但在经论中多只说超越时间,未说超越空间,原因是为行者着想。行者在观修时,很难超越空间而观,但却可以超越时间而观,这即是观修"无念"。若有念,便念念相续,由是而有前际与后际。若住无念,于所住境界中自然离相续,因为已离念念。所以经论只说超越时间,当说超越时间时,其实已包含了超越空间的意思。

由三宝看皈依,佛是如来,法由佛所说,僧即依法而观修,所以在一乘中,依然以皈依佛为究竟,因为法与僧都实依佛而来。本段经文即由皈依三宝来抉择,说皈依法与僧不是究竟皈依,只是少分皈依。

【刘宋译】何以故?说一乘道法,得究竟法身,于上更无说一乘法身。三乘众者有恐怖,归依如来,求出修学向阿耨多罗三藐三菩提,是故二依非究竟依,是有限依。

【唐译】何以故?说一乘道证究竟法身,于后更无说一乘道,三乘众者有恐怖故,归依如来求出修学,有所作故,向阿耨多罗三藐三菩提故,二依非究竟依,是有限依。

【释义】继续比较三乘。

观修一乘道法得究竟法身,更不能在究竟法身上说一乘法身,这究竟法身即是如来,皈依如来便是无限皈依。

比较起来,声闻、缘觉、菩萨三乘,由于有余不尽,所以都有恐怖。因为恐怖(生死),所以皈依如来,以求由修学而得现证阿耨多罗三藐三菩提,是即"向阿耨多罗三藐三菩提"。这样便不是无限,而是有限;不是究竟,而是有余未尽,所以皈依法与僧,都只是有限皈依。

【刘宋译】若有众生如来调伏,归依如来,得法津泽,生信乐心归依法僧,是二归依。非此二归依是归依如来。归依第一义者,是归依如来。此二归依第一义,是究竟归依如来。何以故?无异如来,无异二归依,如来即三归依。何以故?说一乘道,如来四无畏成就狮子吼说,若如来随彼所欲而方便说,即是大乘无有三乘,三乘者入于一乘,一乘者即第一义乘。

【唐译】若诸有情,如来调伏,归依如来,得法津润,由信乐心,归依于法及比丘僧,是二归依。由法津润信入归依,如来者非法津润信入归依。言如来者是真实依,此二归依以真实义,即名究竟归依如来。何以故?如来不异此二归依,是故如来即三归依。何以故?说一乘道,如来最胜具四无畏,正狮子吼,若诸如来,随彼所欲而以方便,说于二乘即是大乘,以第一义无有二乘,二乘者同入一乘,一乘者即胜义乘。

【释义】这里是依密意来说,皈依一乘即同时皈依佛、法、僧。

众生由于信乐,皈依法或皈依僧,这"得法津泽"其实即是"如来调伏,皈依如来"。

皈依法或僧,是二皈依。经言"非此二皈依是皈依如来",这是为皈依如来下一定义,不是二皈依便是皈依如来,不是皈依法或皈依僧,便是皈依如来。这即是说,不能由皈依法而受法的局限,不能由皈依僧而受僧的局限。如来所说法只是言说,若皈依言说,便是受法的局限,是即须皈依如来的密意,这便是皈依如来;僧是依如来所说法而修习,其一己证量必未成究竟(若已究竟便是如来),若皈依未究竟的知见,便是受僧的局限。如果善知识的知见已入究竟一乘,同时亦能入究竟一乘道,皈依这样的善知识,便不只是皈依僧,可以说是皈依如来。前文曾说:摄受正法者即是正法,所以皈依摄受正法的善知识,便即是皈依如来。

依这样的理解，便知道皈依如来为究竟，同时知道，皈依法与僧的第一义皈依，即是究竟皈依如来。前面说皈依法须皈依密意、皈依僧须皈依已入究竟一乘的善知识，是即第一义的二皈依。

综合来说，二皈依不真实，究竟真实是皈依如来。然而，二皈依亦可以真实，依第一义的二皈依便究竟真实。

下面的经文即依此而引申，由于第一义的二皈依即皈依如来（无异如来），然而亦是二皈依（无异二皈依），所以如来便即是三皈依处。

为什么说如来即是三皈依处？因为如来说一乘道，以四无畏狮子吼说法，是故究竟。然而，如来亦依方便而说二乘法，这二乘法其实亦是一乘，言说为二乘，依密意则入一乘，因此若得言说的密意，便可以说三乘入于一乘。由是总结：一乘即胜义乘。

六、无边圣谛

【刘宋译】世尊，声闻缘觉初观圣谛以一智断诸住地，以一智四断知功德作证，亦善知此四法义。世尊，无有出世间上上智，四智渐至及四缘渐至，无渐至法是出世间上上智。

【唐译】世尊，声闻独觉初证圣谛，非以一智断诸住地，亦非一智证四遍知诸功德等，亦非以法能善了知此四法义。世尊，于出世智，无有四智渐至渐缘。世尊，出世间智无渐至法。

【释义】说无边圣谛，须先说"无边"。

无边虽然可以解为无限、无尽，但正确一点，其实应该解为"无有边际"。说无有边际，当然已经包含无限、无尽的意思，然而尚有密意，应该解为"不落边际"。

"无边"的梵文是 a-paryanta，他的字根 paryanta，意思是"边界""边际"，所以 a-paryanta 的意思便应该是无有边界、无有边际。此外还有一个意思，不由作意而生成，这就更可以理解为离一切边际了。因为凡有作意，必然落边，作意是心识的运作，心识不离分别，分别便是落边。

拙译龙树《法界赞》有一颂说：

究竟周遍一切边　噫彼莲花亿万千
朵朵含藏鲜花药　瓣瓣光明宝庄严[1]

这首赞颂说的是法界，亦即是如来法身，法身究竟离边，远离一切

---

[1] 见谈锡永：《四重缘起深般若》附录，台北：全佛文化，2005。下引同。

诸识境的名言与句义，所以说"究竟周遍一切边"。至于如来法身上随缘自显现的识境，则说为"法界庄严"，在偈颂中便用莲花作为比喻。识境中一切法的自显现，都充满生机（现分），所以说"朵朵含藏鲜花药"，花药可以传播种子，所以表征为生机；此外，还有明分（区别分），通常都用光明来表征，所以颂文说"瓣瓣光明宝庄严"。这偈颂是龙树论师对无边法界带诗意的赞颂，可是说的虽然是法界，其实藉这偈颂，我们对如来藏便亦有所理解。

能理解无边，才能理解下面经文说如来藏的理趣。本处经文，只是为说如来藏而先说圣谛，这圣谛即以如来藏为依止处。

这里说的圣谛，即是苦、集、灭、道四谛。一般人总以为观修四谛、现证四谛只属小乘，其实不是，一乘教法现证如来藏智，其所现证亦可以说是四谛。经文所说，便即是小乘的证四谛智，以及佛所现证的四谛智。小乘四谛智落于边际，落边的原因，即在于法执，执著苦、集、灭、道的名言，即是住于识境中而起执著，这样的四谛智便是有边，由是即不能生起一切功德，只能依着识境生起有余未尽的功德；一乘四谛智不落边际，因为智识双运境已离一切边，由是便可以生起无边功德。是即小乘所证的谛不同一乘所证的谛，唯一乘所证才能说为不落边际的"无边圣谛"。

此处经文先说小乘的证智。不过刘宋译与唐译，在文字上则有矛盾。刘宋译"以一智断诸住地"，唐译则作"非以一智断诸住地"；刘宋译"以一智四断知功德作证"，唐译则作"亦非一智证四遍知诸功德等"；刘宋译"亦善知此四法义"，唐译则作"亦非以法能善了知此四法义"。产生矛盾的原因，在于刘宋译的文字过分简略，唐译的笔受者应当参考过刘宋译，于参考时误解刘宋译，所以便依译师所说义，在此三句经文都加一"非"字来作否定，然而这样一来，反而失去经文的原意。今依藏译将经文重译如下，译时为免造句艰涩，故用意译：

〔分别〕以一初观圣谛智断一住地，〔及至〕得一智现证四断遍知功德,亦善知此四法义。

要理解这句经文,须知声闻、独觉(缘觉)如何观修四智。小乘观修分渐、顿两派,上座部主渐,大众部主顿。主渐则次第证得四谛,主顿则说四谛可一时证得,由是便将"初观圣谛智"作不同的定义,前者认为不究竟,后者则认为究竟。经文则依一乘的观点来作判定,若依判定,则小乘的渐、顿都不究竟。

"〔分别〕以一初观圣谛智断一住地",意思是说,一初观智只能断一住地,刘宋译"以一智断诸住地"其实亦是这个意思。不过他说,诸住地都个别由一智来断,但在文字表达上却表达不出这个意思,容易令人误解为只须一初观智便可以全断四住地。

"〔及至〕得一智现证四断遍知功德"这一句,是说于断四住地之后,即可得"一智"(现证的境界),此智能现证四断遍知功德。刘宋译"以一智四断知功德作证"亦是这个意思。

至于"四断遍知"一词则须解释。"断遍知"一词实由"遍知"而来。遍知是周遍了知。于周遍了知四谛时,所证的智即是无漏智。由于无漏智能断除烦恼,所以这"遍知"又称为"断遍知",即是说有断烦恼功能的遍知。

"亦善知此四法义"。四法即指苦、集、灭、道四法,既然已经遍知四谛,当然便知四谛法义。唐译"亦非以法能善了知此四法义",亦不能说他不对,说不是由"法"来了知四法义,即是说不能由识境的诸法来了知,说得很合道理。

如果将这句经文跟上句经文合起来解释,便是:到了现证无漏智,从而现证四断遍知的功德,这时,便亦能善知这四法义。

这里说的是渐修顿证,分别由一初观谛智来断除一住地,是渐修;至得无漏智证四断遍知功德时,则是顿证。这样说,便否定了大众部的顿。不过,亦不以上座部的渐修顿证为究竟,接下来即说及此。

接下来的经文说:"世尊,无有出世间上上智,四智渐至及四缘渐至,无渐至法是出世间上上智。"这便是对上座部的否定,不能由四智渐至、四缘渐至,可得出世间上上智,所以说,由渐至法而得的智,便不是出世间上上智。一乘之证智虽次第而入以至究竟,但于究竟时一刹那周遍,这种顿证便不同上座部的顿证。

【刘宋译】世尊,金刚喻者,是第一义智。世尊,非声闻缘觉不断无明住地初圣谛智是第一义智。世尊,以无二圣谛智,断诸住地。

【唐译】如金刚喻,世尊,声闻独觉,以于种种圣谛之智,断诸住地,无有出世第一义智。

【释义】此处说佛所证的四谛智。

成佛者,既入无学道因位,即入金刚喻定,证自然智而成佛,这自然智便是第一义智,亦是无二圣谛智。

金刚喻,即是以金刚为喻,金刚具足七法:无瑕、无坏、无虚、无染、无动、无碍、无能胜[①]。这七法其实亦是智识双运的境界。

这金刚喻第一义智刹那现证,所以不同声闻、缘觉的初观圣谛智。第一义智可以断无明住地,初观圣谛智则不能,所以初观圣谛智便不得称为第一义智;唯佛所证的无二圣谛智,才能究竟遍知四谛,初观圣谛智则不能究竟。

【刘宋译】世尊,如来应等正觉,非一切声闻缘觉境界。不思议空智断一切烦恼藏。世尊,若坏一切烦恼藏究竟智,是名第一义智,初圣谛智,非究竟智,向阿耨多罗三藐三菩提智。

【唐译】唯有如来应正遍知,非诸声闻独觉境界,以不思议空性之智,能破一切诸烦恼縠。世尊,破烦恼縠究竟之智,是名出世第一义智,

---

① 详见谈锡永译:《无修佛道——现证自性大圆满本来面目教授》,台北:全佛文化,2009年,第123页。

初圣谛智非究竟智,是于趣向阿耨多罗三藐三菩提智。

【释义】这里即将声闻四谛智与佛四谛智作比较,由能否断无明住地作区别。能断无明住地即名为"断一切烦恼藏"。

如来应正遍知能以不思议空智断一切烦恼藏,所以称为第一义智。

声闻、缘觉初圣谛智不能断一切烦恼藏,所以不究竟,便只能称为"向阿耨多罗三藐三菩提智"。

由此比较,即可知何谓圣谛。下句经文即说圣谛义。

【刘宋译】世尊,圣义者,非一切声闻缘觉,声闻缘觉成就有量功德,声闻缘觉成就少分功德,故名之为圣。圣谛者,非声闻缘觉谛,亦非声闻缘觉功德。世尊,此谛如来应等正觉初始觉知,然后为无明䕨藏世间开现演说,是故名圣谛。

【唐译】世尊,真圣义者即非二乘,何以故?声闻独觉,唯能成就少分功德,名之为圣。世尊,言圣谛者,非诸声闻独觉之谛及彼功德,而此谛者唯有如来应正等觉,初始了知,然后为彼无明䕨藏世间众生,开示演说,故名圣谛。

【释义】所谓圣,应具足一切功德,二乘仅得少分功德。二乘之所以称为圣,实在只是方便,说其得少分功德为圣。

如来功德说为三种:一、本性清净,即法尔清净,不落名言;二、成就识境自显现;三、周遍一切界,即大平等性。这三种功德,唯有法身才能具足,所以非二乘所能有。

所谓谛,即是真实义。在智境中,无真实与不真实的分别,所以只有在言说中、识境中才能建立谛。是故经言:"此谛如来应等正觉初始觉知,然后为无明䕨藏世间开现演说,是故名圣谛。"这是说如来为无明覆障的世间说法,当说至究竟真实时,这言说便可以称为圣谛。对这圣谛,便不能依言说来认知,实应依其密意来认知,否则便成诽谤。

七、如来藏

【刘宋译】圣谛者说甚深义,微细难知,非思量境界,是智者所知,一切世间所不能信。何以故?此说甚深如来之藏,如来藏者,是如来境界,非一切声闻缘觉所知。如来藏处,说圣谛义,如来藏处甚深故,说圣谛亦甚深,微细难知,非思量境界,是智者所知,一切世间所不能信。

【唐译】世尊,此圣谛者,甚深微妙难见难了,不可分别,非思量境,一切世间所不能信,唯有如来应正等觉之所能知。何以故?此说甚深如来之藏,如来藏者,是佛境界,非诸声闻独觉所行。于如来藏说圣谛义,此如来藏甚深微妙,所说圣谛亦复深妙,难见难了不可分别,非思量境,一切世间所不能信,唯有如来应正等觉之所能知。

【释义】由本段起出如来藏名号,以下经文即全演说如来藏,分别说法身及空义等,于说自性清净心时,即将如来藏密意和盘托出。

本段经文,只说如来藏是圣谛所依的境界。

经文说:"圣谛者说甚深义,微细难知,非思量境界,是智者所知,一切世间所不能信。"这即因为,圣谛即是如来内自证智,所证究竟真实,是故称之为谛。如来内自证智境界即是如来法身,由是说此境界具甚深义,微细难知。因为这境界已远离识境,当然便不是识境中的人所能认知。说为"微细",是相对于识境而言,识境中一切法,都可以说为"粗重",七情六欲是粗重,物质身亦是粗重,以至成立一切法为有,这个有,也可说为粗重。识境世间既然一切粗重,相对来说,法身境界(如来内自证智境界)便说为微细。又因这境界不可思议,所以说是非思量境界,对于不可认知、不可思量的境界,自然一切世间所不能信。

今引拙译《法界赞》说如来法身一颂,读者可以参考:

　　一切佛陀功德基　已擎修证果在手
　　于圆成且圆满时　转依而名为法身

经文说,无边圣谛即是如来藏,因为如来藏即是无边圣谛的依处,也可以说,圣谛即由如来藏建立。本段经文未正说如来藏的义理,只是说明无边圣谛与如来藏的相依关系,由是说:"如来藏处,说圣谛义,如来藏处甚深故,说圣谛亦甚深,微细难知,非思量境界,是智者所知,一切世间所不能信。"说为"如来藏处",即是说圣谛以如来藏为依处。

为什么要强调圣谛以如来藏为依处呢?这是因为,下面经文会说到一切众生都有如来藏,这便很容易令人误会如来藏是一个个体。现在已经说明,如来藏是圣谛的所依处,又反复说明圣谛难知,如来藏亦难知,非世间所能理解,那么,便不应该将众生具有如来藏,看成是有如外道所说,众生具有"神我""梵我"。

八、如来法身

【刘宋译】若于无量烦恼藏所缠如来藏不疑惑者,于出无量烦恼藏法身亦无疑惑。

【唐译】若于无量烦恼所缠如来之藏,不疑惑者,于出一切烦恼之藏,如来法身亦无疑惑。

【释义】受无量烦恼藏所缠,名为如来藏;出无量烦恼藏,名为法身。

经文这样说,目的是想说明,为什么圣谛以如来藏为依处。无边圣谛可以说是一个境界,亦即佛内自证智的境界,这个境界称为法身,可是当法身受无量烦恼藏所缠时,便名为如来藏。这样说来,法身与如来藏都是一个境界,分别只是受缠与不受缠。由是便可以说,圣谛依止法身,同时亦可以说,圣谛依止如来藏,因为都是依于同一境界。

所谓"无量烦恼藏所缠",即是说无量识境所缠。如来法身上有无量世间一切诸法自显现,这些都是识境,是即无量烦恼。为什么说识境即是烦恼呢?因为凡有识境,必有分别,这些分别随识境的名言与句义而来,由是即成识境的污染。例如我们这个世间,没有一样事物、没有一个概念不落于名言与句义,若离名言与句义便无法表达。我们的世间如是,一切识境的世间亦都如是,因为名言与句义即是彼此沟通的工具,于识境中实在不能缺少。可是,为什么我们将之说为污染呢?这是由于落于分别的缘故,一落分别,即成无明,因此我们所建立的事物与概念,便可以称之为无明法。

龙树《法界赞》一开头便有一颂说:

长久以来无明法　　成三恶趣世间果
　　一切有情决定住　　于此法界我赞礼

可以说，无明法便即是烦恼缠，这亦是我们轮回的因。虽然如此，但我们却要认识到，识境中一切有情决定住于法界、决定住于如来法身、决定住于如来藏。

由是即可如经文所说，能理解如来藏，便能理解如来法身。同时亦可以知道，如来藏与如来法身不一不异。说为不一，是因为有受缠与不受缠的区别；说为不异，是因为同是无边圣谛所住境界，亦即佛智境界。

如来藏说众生都有佛性，即是因为法身与如来藏不一不异之故。

【刘宋译】于说如来藏，如来法身不思议佛境界及方便说，心得决定者，此则信解说二圣谛，如是难知难解者，谓说二圣谛义。何等为说二圣谛义，谓说作圣谛义，说无作圣谛义。

【唐译】世尊，若有于此如来之藏及佛法身不可思议佛秘密境，心得究竟，于彼所说二圣谛义，能信能了能生胜解。何等名为二圣谛义，所谓有作及以无作。

【释义】对无边圣谛能生信解，便须要理解如来藏及如来法身。如来法身即"不可思议佛秘密境"（依唐译），因为佛内自证智境界不可思议、甚深秘密。至于如来藏，则可视为对法身的"方便说"。因为如来法身不能在识境中显现，识境中的人对法身固然不能形容，甚至不能想象，只能将法身视为甚深秘密境界，可是，识境中人却能认识法身上随缘自显现的识境，所以，当将法身连同识境而施设为如来藏时，识境中的人便容易理解，而且可以将法身施设为法界、法性、法智，所以如来藏便是法身的方便说。

现在回过头来说上面一段经文，说"无量烦恼藏所缠如来藏"及"出无量烦恼藏法身"，对前者可理解为"识境所缠的法身"，后者则可理解为"离识境的法身"。

要理解法身,要理解如来藏,根本上须依佛内自证智境界来理解,所以便说须由两种圣谛来作理解。两种圣谛说为作圣谛、无作圣谛,下文即对此作诠说。

【刘宋译】说作圣谛义者,是说有量四圣谛。何以故?非因他能知一切苦、断一切集、证一切灭、修一切道。是故世尊,有有为生死、无为生死,涅槃亦如是,有余及无余。

【唐译】作圣谛者,是不圆满四圣谛义。何以故?由他护故,而不能得知一切苦、断一切集、证一切灭、修一切道,是故不知有为无为及于涅槃。

【释义】先说作圣谛。

首先,定义作圣谛为"不圆满四圣谛"(依唐译,刘宋译为"有量四圣谛",其义较晦)。其次,行者对圣谛是"因他而知",例如唯依如来所教而知,而非自知自证。若因他而知时,即有作意,是即称为作圣谛。

将无边圣谛落入作圣谛,便不能"知一切苦、断一切集、证一切灭、修一切道",因为不能因他而知一切苦,不能因他而断一切集,不能因他而证一切灭,不能因他而修一切道。那就是说不能落于作意,若落作意便只是模仿,由是佛家强调离作意而修行。

对于离作意,又须解释。如果行者作意于离作意,那便不是离作意,因为已有作意离作意的作意,是故佛家便说对作意须"无舍离而离",这亦可说为"舍离尽"。当于观修时层层超越,每一层次的超越,便即是这层次的舍离尽,由舍离尽即能自知自证。

二乘行人由于有法执,是故不能舍离作意,因此他们所依的圣谛,便只是作圣谛,于四谛的现证有余不尽,不尽知一切苦、不尽断一切集、不尽证一切灭、不尽修一切道。由是欲得究竟,必须入一乘来证无边圣谛、证如来法身、证如来藏。

经文又说,二乘由于落于作圣谛义,对有为无为不能究竟认知,对涅槃亦不能究竟认知。如于生死,只知能断有为法的分段生死,而不知无为法的三种意生身变易生死;又如依涅槃,只知有余依涅槃、无余依涅槃,而不知离一切边的无住涅槃。

其实落于作胜义谛,即不能现证如来法身,所以二乘的极果便只是阿罗汉、辟支佛。

【刘宋译】说无作圣谛义者,说无量四圣谛义。何以故?能以自力知一切受苦、断一切受集、证一切受灭、修一切受灭道。

如是八圣谛,如来说四圣谛,如是四无作圣谛义,唯如来应等正觉事究竟,非阿罗汉辟支佛事究竟。

【唐译】世尊,无作谛者,是说圆满四圣谛义。何以故?能自护故,知一切苦,断一切集,证一切灭,修一切道。

如是所说八圣谛义,如来但以四圣谛说,于此无作四圣谛义,唯有如来应正等觉作事究竟,非阿罗汉及辟支佛力所能及。

【释义】再说无作圣谛。

无作圣谛定义为"圆满四圣谛"(刘宋译为"无量四圣谛"),是即"能以自力知一切受苦、断一切受集、证一切受灭、修一切受灭道"。所谓"自力"即是不依言说而无作、作意尽。作意尽时亦即识境一切名言句义尽。重提一句,以无舍离而舍离为尽,以超越为尽。其初行者不能无作意,观修时由层层超越而舍离尽、作意尽,这样便是无作,便是自力。

作圣谛有苦、集、灭、道,无作圣谛亦有苦、集、灭、道,这样便说为八圣谛。如来只说作圣谛的四圣谛,因为可以落于言说而说。至于无作圣谛的四圣谛,唯如来始能究竟现证(事究竟),因为这只能说为如来的密意,密意不能由言说来表达,所以如来不说。

依如来密意,亦即依无边圣谛,现证四圣谛其实即是现证如来藏。

苦、集、道三者,是识境中事,灭谛则成就智境,是故四圣谛便即是智识双运,这便是如来藏的境界,亦即是无边圣谛的境界,虽然不可说为如来法身,不过未离如来法身。

【刘宋译】何以故?非下中上法得涅槃。何以故?如来应等正觉,于无作四圣谛义事究竟,以一切如来应等正觉,知一切未来苦,断一切烦恼上烦恼所摄受一切集,灭一切意生身,除一切苦灭作证。

【唐译】何以故?非诸胜劣下中上法能证涅槃。云何如来于无作谛得事究竟?谓诸如来应正等觉,遍知诸苦,断诸烦恼及超烦恼所摄苦集,能证一切意生身蕴所有苦灭,及修一切苦灭之道。

【释义】这段经文,以唐译为佳。

佛所证的四圣谛既由无作而证,那么,便自然须离言说而证。佛所说法,依言说可分别为下、中、上法,但无论哪一种法,由于落言说,是必有作,依作圣谛即不能证涅槃,因为不能得"事究竟"。

怎样才能依无作谛得事究竟?经言:"遍知诸苦,断诸烦恼及超烦恼所摄苦集,能证一切意生身蕴所有苦灭,及修一切苦灭之道。"这便即是依佛密意的四谛现证。

四谛的密意,即是以灭苦为究竟(这即是"事究竟"),所以四谛之中,实以两谛为重要,即是苦与灭。依经文,首先是"知苦",然后是断灭"苦集",因此便要证"苦灭",要证苦灭便要修"苦灭之道"。在这里便可以看出,以智来灭识境的苦。这应该便即是转依,不依被烦恼及随烦恼覆障的心识,转为依止远离一切苦的清净心。

【刘宋译】世尊,非坏法故名为苦灭,所言苦灭者,名无始、无作、无起、无尽、离尽常住、自性清净、离一切烦恼藏。

【唐译】世尊,非坏法故,名为苦灭。何以故?言苦灭者,无始无作,无起无尽,常住不动,本性清净,出烦恼瓤。

【释义】这里是说"苦灭"。不是要坏掉一些法来令苦灭,这即是无作意、无舍离。说明这点,可以矫正许多人学佛的心理,他们每每以为一定要清除了一些什么,然后才可以入道,这便是坏法而入道了。若须坏法,那么便一定要成立坏法之法,这样一来,便成法执,同时这坏法之法亦一定会带来烦恼与随烦恼。

所以经文说,苦灭是"无始、无作、无起、无尽、离尽常住、自性清净、离一切烦恼藏"。

所谓"无始",即是法尔。当现证如来藏时,如来藏心即是法尔,亦即心识回复到本然的状态。是故现证如来藏必须"无作",若落作意,便不能现证本然。因为是法尔,所以当然"无起、无尽",即是如来藏心无所从来亦无所去。

至于"离尽常住",是说如来藏心的佛性,佛性恒常,故无所尽。人即使于轮回中流转,此佛性依然无尽。

如来藏心的佛性,即是如来法身,是故"自性清净",下面还有大段经文说明这自性清净的问题。既然清净,当然"离一切烦恼藏"。

由上面所说,即依四谛的密意,此非二乘所能证得。因为当他们观修四谛时,四谛智分别生起,这样便不能令如来藏心显露(不是生起,无起)。依四谛密意,即是现证远离一切障而得苦灭的法身,这就与二乘所证有很大的差别。

【刘宋译】世尊,过于恒沙不离、不脱、不异、不思议佛法成就,说如来法身。世尊,如是如来法身不离烦恼藏,名如来藏。

【唐译】世尊,如来成就过于恒沙具解脱智不思议法,说名法身。世尊,如是法身不离烦恼,名如来藏。

【释义】总结如来法身,可以说法身即是"佛法成就",因为二者"不离、不脱、不异"。若回顾上文,于摄受正法一段曾经说过:摄受正法即与法无二;摄受正法者与所摄受之正法无二。现在我们还可以说,摄受正法的现证与正法无二。这也可以说是因果无二,以正法为因,得摄受正法的现证果,因果自然无二。

　　经文说"如是如来法身不离烦恼藏,名如来藏"。这即是说法身上有识境随缘自显现,便是如来藏。识境即是烦恼藏,如来藏不离识境。

九、空义隐覆真实

【刘宋译】世尊,如来藏智,是如来空智。世尊,如来藏者,一切阿罗汉辟支佛、大力菩萨,本所不见、本所不得。

【唐译】世尊,如来藏者,即是如来空性之智。如来藏者,一切声闻独觉所未曾见,亦未曾得,唯佛了知及能作证。

【释义】前面说如来法身,由法身成如来藏,这样便可以说是证如来藏智。

菩萨摩诃萨成佛,证根本智(自然智),同时证后得智,二者双运,不一不异。所谓后得智,即是生起识境的智,也可以说是认识识境的智。生起识境的智为如来法身所具;认识识境的智为如来色身所具,亦即为报身佛与化身佛所具。因此可以说成佛现证智,本然地智境与识境双运,所以便可以名之为"如来藏智"。

经文断言:"如来藏智,是如来空智。"由是便说如来藏智不是四谛智,而是如来空智。所以这如来藏智非阿罗汉、辟支佛及大力菩萨所能现证,因为他们不见如来藏、不得如来藏,亦即是他们的现证不入如来藏境界。

下文便解说何谓如来空智。

【刘宋译】世尊,有二种如来藏空智。
世尊,空如来藏,若离、若脱、若异,一切烦恼藏。
世尊,不空如来藏,过于恒沙不离、不脱、不异、不思议佛法。
世尊,此二空智,诸大声闻,能信如来,一切阿罗汉辟支佛空智于四不颠倒境界转,是故一切阿罗汉辟支佛,本所不见、本所不得一切苦灭,唯佛得证,坏一切烦恼藏,修一切灭苦道。

【唐译】世尊,此如来藏空性之智,复有二种。

何等为二:谓空如来藏,所谓离于不解脱智一切烦恼。

世尊,不空如来藏,具过恒沙佛解脱智不思议法。

世尊,此二空智诸大声闻由信能入。世尊,如是一切声闻独觉空性之智,于四倒境攀缘而转,是故一切声闻独觉,所未曾见亦未曾证,一切苦灭唯佛现证,坏诸烦恼修苦灭道。

【释义】说如来藏空性智有两种:

1. 空如来藏智。刘宋译将之定义为"若离、若脱、若异,一切烦恼藏"。

2. 不空如来藏智。刘宋译将之定义为"过于恒沙不离、不脱、不异、不思议佛法"。

这样的定义比较难于理解,若参考藏译,可理解为:

1. 空如来藏智:如来藏与烦恼障各别住("若离、若脱、若异"),然而由于烦恼障覆盖,是故不成解脱。但一切烦恼障可由智而空,是即称此智为空如来藏智(空如来藏空智)。

2. 不空如来藏智:如来藏与不思议佛法非各别住("不离、不脱、不异"),由是而成解脱,故依解脱智而不空,是即称为不空如来藏智(不空如来藏空智)。

这里所说的不思议佛法,便即是如来法身与如来法身功德,二者的双运即是如来藏,所以便可说为如来藏与不思议佛法共住。

根据这样的理解,我们可以说,"佛解脱智不思议法"(依唐译)与如来藏共住,烦恼藏虽然与如来藏共存,却不共住。正因为不共住,才可以由智而空。

说由智可空烦恼藏,即是《瑜伽师地论》所说的"善取空"。此说由

《小空经》而来。《小空经》言:"谓由于此,彼无所有,即由彼故,正观为空;复由于此,余实是有,即由余故,如实知有,如是名为悟入空性如实无倒。"《瑜伽师地论》则说得比较详细,而且还有举例:

> 云何复名善取空者?谓由于此,彼无所有,即由彼故正观为空。复由于此,余实是有,即由余故如实知有。如是名为悟入空性如实无倒。
>
> 谓于如前所说一切色等想事,所说色等假说,性法都无所有,是故于此色等想事,由彼色等假说性法,说之为空。于此一切色等想事何者为余,谓即色等假说所依。①

烦恼障覆盖如来藏,由如来藏智("此"),可见烦恼障("彼")无所有,所以可正观烦恼障为空。然而由于如来藏智,可知余实是有。什么是"余"呢?即烦恼障之所依。烦恼障既是识境,即依智境(法身)而成立,不过实在是依智境的功能(法身功德)而成立,所以这法身功德即不能说之为空。依此"善取空",我们便可以将两种如来藏空智再作定义:

1. 空如来藏智:如来藏与烦恼障不共住,是故可由如来藏智而空。

2. 不空如来藏智:如来藏与如来法身功德共住,是故如来藏智不空。

依空如来藏空智而说空,便须知空义隐覆真实,这真实便是空之所余,余实是有的如来法身及其功德。

是故这两种如来藏空智,二乘行人唯能依佛说而信,因为他们具四颠倒,即是执著于无常、苦、无我、不净,对于常见、乐见、我见、净见等,都可以由空性智来断除,由是便只见到空性的一边。唯见空性,不见不空,不见空义所隐覆的真实,便必然不能知如来藏智,所以只能断除烦恼(而且是作意断除),而不能生起功德,所以说他们"本所不见、本所不得一切苦灭"。

本段经文的重点,在于建立两种空智,而由此依善取空,以明真实

---

① 依玄奘译,大正·三十,no. 1579,第488页下。

为空所覆。如果不知这点,那便不见真实。诽谤如来藏的人,正犯这毛病。是故欲入一乘,必须先知所应知的真实,不可落唯空边。

说空义隐覆真实,很容易会堕入"他空见"。他空说有真如本体,胜义不空,空的是外加于真如本体上的一切法。粗看起来,这就与"空义隐覆真实"相似,真实不空,空的是外加于真实上的烦恼。但二者实不相同,因为本经所说的空义覆隐真实,并未将真实建立为本体。如来藏、如来藏心、如来法身、如来法身功德等,都不可能建立为本体,只能说是一个境界(以及这境界的功能),是故其不空,即非本体不空,即非有一本体可以建立为实有。此外,本经所说的空义与真实二者双运,他空见所说则是相对,胜义与世俗相对。双运与相对,层次有分别。例如一只手,整只手可以说是手掌与手背的双运,但假如落于相对,那么便是手掌与手背的相对。前者离分别而区别,后者则是分别,因此不能说二者相同。

十、一谛

【刘宋译】世尊,此四圣谛,三是无常,一是常。何以故？三谛入有为相,入有为相者,是无常,无常者是虚妄法,虚妄法者,非谛非常非依,是故苦谛集谛道谛,非第一义谛,非常非依。一苦灭谛,离有为相。

【唐译】世尊,此四谛中,三谛无常,一谛是常。何以故？如是三谛入有为相,有为相者,则是无常,言无常者是破坏法,破坏法者非谛非常非归依处,是故三谛以第一义,非谛非常非归依处。世尊,一苦灭谛离有为相。

【释义】由空性智观察四谛,可知苦、集、道三谛无常,入有为相,唯有"苦灭谛"离有为相,所以说此"苦灭谛"为"一谛"。

四谛的苦谛可以说是根本烦恼果,烦恼则由"集"而来,至于道谛则是修"苦灭"之道,对治苦与集。如何对治呢？那便是由观察苦谛与集谛而见其空性,令集得解脱、苦得解脱,这便是道谛的建立。由此观察,四谛中只有灭谛得成究竟,究竟灭集、究竟灭苦。所以便说苦、集、道三谛入有为相,凡有为相必是无常,无常即非究竟真实。

事实上亦不能建立苦、集、道三者为常,如果是常,苦与集即不可能得解脱,以其恒常故。道若是常,便于解脱苦、集后依然要住于道,此时已无苦可灭、无集可灭,焉能说还要住在无可灭的道呢？所以道亦无常。

这样,知三谛入有为相,一谛离有为相,便是由空性智所得的决定。依上面所说"善取空"义,便知灭谛是空掉苦、集、道三者后之所余,余实是有,所以灭谛是常、是实。

十一、一依

【刘宋译】离有为相者是常,常者非虚妄法,非虚妄法者是谛、是常、是依,是故灭谛,是第一义。

【唐译】离有为相则性常住,性常住者非破坏法,非破坏者是谛是常,是归依处。世尊,是故苦灭圣谛以胜义故,是谛是常是归依处。

【释义】本句经文即说灭谛,承接上文说"离有为相者是常,常者非虚妄法,非虚妄法者是谛、是常、是依"。这即是观修四谛的究竟决定,亦即善取空后的究竟决定。这样善取空便不是空无所有,而是空其所应空,于空之余建立真实。这便不是以灭尽为究竟的二乘观修,同时亦已建立一切功德(关于建立功德,于下文当说)。

【刘宋译】不思议是灭谛,过一切众生心识所缘,亦非一切阿罗汉辟支佛智慧境界。譬如生盲不见众色、七日婴儿不见日轮。苦灭谛者,亦复如是,非一切凡夫心识所缘,亦非二乘智慧境界。

【唐译】世尊,此苦灭谛是不思议,过诸有情心识境界,亦非一切声闻独觉智所能及。譬如生盲不见众色,七日婴儿不见日轮,苦灭谛者亦复如是,非诸凡夫心识所缘,亦非一切声闻独觉智之境界。

【释义】此处用二譬喻。

"生盲不见众色",比喻凡夫不见灭谛,灭谛不是凡夫的心识所缘境(不是凡夫的心理状态)。

"七日婴儿不见日轮",比喻阿罗汉、辟支佛的智境,灭谛亦不是他们的心识所缘境（不是他们的心理状态）。

喻为"生盲"，即是不见光明；喻为"七日婴儿"，则虽能见光，但却不见光由日轮而来，是即其见不能究竟，不知究竟真实。

然而须知，既说灭谛是常、是真实，则无论知与不知，灭谛此法必然常在，这即是法尔。这样便可以得出结论，"世尊，是故苦灭圣谛以胜义故，是谛是常是归依处"（见唐译上句经文）。由是即成一依，即一胜义皈依谛。

十二、颠倒真实

【刘宋译】凡夫识者二见颠倒,一切阿罗汉辟支佛智者,则是清净。

【唐译】凡夫识者,谓二边见,一切声闻独觉智者,名为净智。

【释义】本句承接上文,解释何以凡夫如生盲,二乘如七日婴儿,并由此说何谓颠倒、何谓真实。

凡夫心识,落二颠倒见(边见);声闻、缘觉智,则只"名为净智"(应依唐译,若依刘宋译"则是清净",可能误解其为究竟清净),"名为净智"即非究竟真实净智。由此下文便说,有凡夫的颠倒见,有二乘的颠倒见。凡夫的颠倒较重,所以喻为生盲,二乘颠倒只是不知究竟真实,所以喻为七日婴儿。

【刘宋译】边见者,凡夫于五受阴我见,妄想计著生二见,是名边见,所谓常见断见。见诸行无常,是断见非正见;见涅槃常,是常见非正见。妄想见故作如是见。

【唐译】言边见者,于五取蕴执著为我,生异分别。边见有二,何者为二?所谓常见及以断见。世尊,若复有见生死无常、涅槃是常,非断、常见,是名正见。

【释义】这句经文,刘宋译误,应依唐译。

凡夫的颠倒由于边见。经文即以凡夫执著五蕴为例,取五蕴为我,由是计度而成二见,即常见、断见。这样便即是"人我",由人我而成二见。

二见不限于常、断，凡由我与我所而成立的一切相对法都是二见。龙树论师说"八不"，即说不生不灭、不常不断、不一不异、不来不去，这即是说在现象中有生灭、常断等。然而这些现象法都只是二见，是故说为无有真实。例如说不生不灭，即是否定生灭现象为绝对真实，只是识境中的真实。

声闻、缘觉的颠倒，不同凡夫的边见，因为他们已无我执，所以便不依现象而起边见，但是他们却有正见、倒见。此句经文先说正见，例如见生死无常，见涅槃是常，这便是正见，不能因说无常便认为是断见，不能因说涅槃便认为是常见。

刘宋译"见诸行无常，是断见非正见；见涅槃常，是常见非正见"。将"见诸行无常"认为是断见；"见涅槃常"认为是常见，那是译师求那跋陀罗的误解。由他翻译的一些经可以判定，他常常持着"他空见"的观点来翻译，因此有时歪曲经文。在这里即是窜改经文的一个例子。说他窜改，是因为唐译与藏译相同，那就证明梵本的原文必非如刘宋本所译那样。而且，依刘宋译亦解释不通，刘宋译以为前面说凡夫的边见，这里便一定是说二乘的边见，由是才持他空见改窜经文。实际上，这里只是将凡夫与二乘作比较，二乘见常断是正见，因为不同凡夫由"我执"而见常断。

【刘宋译】 于身诸根分别思惟，现法见坏，于有相续不见，起于断见，妄想见故；于心相续愚阇不解，不知刹那间意识境界，起于常见，妄想见故。

此妄想见于彼义，若过、若不及，作异想分别，若断若常颠倒。众生于五受阴，无常常想，苦有乐想，无我我想，不净净想。

【唐译】 何以故？诸计度者见身诸根，受者思者，现法灭坏，于有相续不能了知，盲无慧目起于断见；于心相续刹那灭坏，愚阇不了意识境界,起于常见。

世尊,然彼彼义,过诸分别及下劣见,由诸愚夫妄生异想颠倒执著,谓断谓常。世尊,颠倒有情,于五取蕴,无常常想,苦为乐想,无我我想,不净净想。

【释义】这小段经文,是说凡夫由边见而生颠倒。

在这里,主旨不在说边见,而是说颠倒见。上文已说凡夫的边见,这里即说由边见而生颠倒,文意一贯。至于二乘的正见、倒见,上文已说正见,此处便说及他们的倒见。

凡夫起断见的原因,是由于对身根起分别。身根变坏,凡夫由是即起断见,这即是由执著"人我"而起的颠倒。说为颠倒,是因为"于有相续不见"。以人为例,整个生命过程即是相续,每一刹那的新陈代谢都是相续,所以由婴儿至老者,只是相续的过程。及至一期分段生死尽后,依然有业力相续,由是有中有身、受生身,这亦是相续。既然是相续,便不能说之为断,续即不断,所以断见是颠倒。

凡夫起常见的原因,是由于不了解心识相续。看起来人的心识念念相续,从不间断,凡夫由是即起常见,这其实亦是由执著人我而起的颠倒。说为颠倒,是因为"不知刹那间意识境界"。人的意识其实是刹那灭坏,所以人的觉受刹那变动。如果觉受恒常,我们便只能有一个觉受,不能生起相续的觉受。因此以心识相续为常,便落于常见。

凡夫对五取蕴的认识,或太过、或不及。执身相续为断,即是太过;执心相续为常,即是不及。由是即有四颠倒:无常常想,苦有乐想,无我我想,不净净想。在这里,是以无常、苦、无我、不净为正见,以常、乐、我、净为颠倒。

【刘宋译】一切阿罗汉辟支佛净智者,于一切智境界及如来法身本所不见,或有众生,信佛语故,起常想、乐想、我想、净想,非颠倒见,是名正见。何以故?如来法身是常波罗蜜、乐波罗蜜、我波罗蜜、净波罗蜜。

于佛法身,作是见者是名正见。正见者,是佛真子,从佛口生,从正法生,从法化生,得法余财。

【唐译】声闻独觉所有净智,于如来境及佛法身,所未曾见,或有众生信如来故,于如来所,起于常想乐想我想及于净想,非颠倒见即是正见。何以故?如来法身是常波罗蜜,乐波罗蜜,我波罗蜜,净波罗蜜,若诸有情作如是见,是名正见,若正见者名真佛子,从佛口生,从正法生,从法化生,得佛法分。

【释义】然而,二乘执著无常、苦、无我、不净,相对于如来法身而言,则亦是颠倒。因为众生如果摄受正法,信佛所说的无边圣谛,由是起常、乐、我、净见,却是正见,非一般凡夫的颠倒见。

是故对于如来藏四种功德:常、乐、我、净,不能光执著名言来理解。凡夫的常、乐、我、净是颠倒;如来法身的常、乐、我、净则非颠倒。

对于声闻、缘觉的四依:无常、苦、无我、不净,亦不能执著名言来理解。相对于凡夫,可说为正见,但相对于如来法身,却可说为颠倒,因为他们只知四依,而不是现证四依智。

经文最后一节"正见者,是佛真子,从佛口生,从正法生,从法化生,得法余财",是对正见的赞叹。能得信解如来法身,知如来法身一切无边功德,如是而起正见,便是佛真子,知佛言说,且知密意,由是得法利益("得法余财")。

【刘宋译】世尊,净智者,一切阿罗汉辟支佛智波罗蜜。此净智者,虽曰净智,于彼灭谛,尚非境界,况四依智。

【唐译】世尊,言净智者,则是一切声闻独觉智波罗蜜,此之净智,于苦灭谛尚非境界,况苦灭谛,是四入流智之所行。

【释义】阿罗汉、辟支佛的证智(智波罗蜜),即是他们的净智。然而前面已经说过,他们对一谛(灭谛)未能究竟,不能生起一切功德,所以他们的证智自然不能究竟，只假名为净智，不是如来法身本具的四依智。因为当于灭谛未能究竟时，不生无边功德，自然不知由如来法身功德可建立为常、乐、我、净。

全段经文说颠倒与真实。总结来说，凡夫由边见而生颠倒；二乘由不知一谛、未能一依而生颠倒，唯如来藏见究竟真实，因为如来藏见能见如来法身及如来法身功德双运，离一切边，周遍一切界，是即清净大平等性。

【刘宋译】何以故？三乘初业，不愚于法，于彼义当觉当得，为彼故世尊说四依。世尊此四依者，是世间法。世尊，一依者，一切依止，出世间上上第一义依，所谓灭谛。

【唐译】何以故？三乘初业，不愚法者，能于彼义当证当了。世尊，为何义故说四入流？世尊，此四入流是世间法。世尊，能一入流，于诸入流为最为上，以第一义是为入流，是为归依，是苦灭谛。

【释义】然而对于颠倒与真实义，阿罗汉、辟支佛、大力菩萨亦有机会证得，只须要"不愚于法"（不执著不了义教法），得入一乘，便能够离颠倒现证究竟真实。正因为这样，佛才为他们说四依法（无常、苦、无我、不净），这是次第，先不究竟，其后才悟入究竟。

二乘的四依法只是世间法，只有一谛才是出世间智。证入灭谛，生无边功德，自然就能证得究竟真实。所以便说一依，亦即依于灭谛，是为"出世间上上第一义依"。这样说，便由说颠倒与真实，联系到上面所说的一谛一依。

经文到此，完成一大段落，下文即说自性清净心，总结如来藏义理。

十三、自性清净心

【刘宋译】世尊,生死者依如来藏,以如来藏故,说本际不可知。世尊,有如来藏故说生死,是名善说。

世尊,生死。生死者,诸受根没,次第不受根起,是名生死。

【唐译】世尊,生死者依如来藏,以如来藏故,说前际不可了知。世尊,有如来藏故得有生死,是名善说。

世尊,生死者,诸受根灭无间相续,未受根起名为生死。

【释义】既知颠倒与真实,便可以理解一切有情本具的自性清净心。这清净心,其实称为"本性清净心"更为恰当。

说自性清净心先说"生死",实在是先说轮回界,由是即说建立一切功德(参考第十一节"一依")。

如来藏是佛内证智境上有识境随缘自显现,这一点,笔者前已说及。这些识境便即是轮回界,经文则说为生死,这是以生死现象来表征轮回界,所以这里并不是说轮回或流转。

既然识境是智境上的自显现,那么,当然就可以说"生死者依如来藏"。然而经文的意思,重点是"以如来藏故,说本际不可知"一句。所谓"本际",即是始初,亦即是初有识境时的状态,例如生命的起源。科学家一直追求宇宙的本际、生命的本际,所以一直想找出"上帝粒子",这实在是徒劳无功的事,因为上帝粒子亦无非只是识境的自显现。那么,对这种识境自显现又是否还要找寻他的本际呢?如果说要,他便不可以说为"上帝粒子";如果说不要,那就要证明他是识境以外的事物。现在科学家只是根据数理来成立这粒子,并假定更不须要寻伺其本际,那便依然是由分别作认知，由概念作假施设。亦可以说依然是颠倒，依然是依于如来藏的"生死"，不能定义为本际。

佛家对识境的建立，只说为"无际"，亦即无有本际。一切法只是随缘自显现，当能适应一切相碍时，事物（例如生命）就自然显现。种种事物所适应的相碍不同，其显现亦不同时，因此就不能建立一个本际。如果有本际，事物适应的相碍便会相同，显现亦须同时，这显然是不可能的事。

说如来藏无有本际，还有更重要的意思，那就是对造物者的否定。假如有本际，造物主便可以成立（所以要成立上帝粒子），因为造物即是"始作"。然而这始作者又由谁作呢？这样辗转追求，必至无穷无尽，依然不能找出本际。本际必须离识境而求，是即必须离识境的认知，那就只能说为无际。

此外，由认识论来看，一定要有生命然后才能认识外境。本际亦无非是一种外境状态，倘如这状态未成外境（生命之外的显现），当然未有生命，然则又如何能成为认识呢？不能认识，这状态便根本没有意义，只能当是一种或然的存在。由是佛家建立为无际便最合理。

建立无际十分需要，否则连对如来法身都可以追问本际。你说如来法身是法尔的境界，这境界称为佛内自证智境，那么，这境界的本际又是什么呢？对这样的问题，佛家可以置答，因为无有本际。

识境随缘自显现无有本际，即可以说他依如来藏而建立，无有本际才可以随缘，才可以自显现。因此说，"有如来藏故说生死，是名善说"。

为生死作一定义，便是"生死者，诸受根没，次第不受根起，是名生死"。这即是依现象来施设假名。"诸受根没"即是身根坏灭，"不受根起"即是身根生起，如是定义即依现象。在识境中一切随缘自显现诸法，无非都是现象。佛对现象的认识称为觉，凡夫对现象的认识称为迷。凡夫以生死现象为实有，佛则觉知实相。一切识境无非只是随缘自显现，有如荧光屏上的影像。所以，你可以说生死现象依荧光屏而自显现，但却不可以说为实有，因为只是影像。一切识境都是影像世界，一切诸法都是影像世界中的事物或概念，因此便只能说影像依荧光屏，生死依如来藏。

【刘宋译】世尊，死生者此二法是如来藏，世间言说故有死有生。死者谓根坏，生者新诸根起。非如来藏有生有死。

如来藏者离有为相，如来藏常住不变，是故如来藏，是依、是持、是建立。世尊，不离、不断、不脱、不异、不思议佛法。

世尊，断脱异外有为法依、持、建立者，是如来藏。

【唐译】世尊，生死二法是如来藏，于世俗法名为生死。世尊，死者诸受根灭，生者诸受根起，如来藏者则不生不死，不升不坠离有为相。

世尊，如来藏者常恒不坏，是故世尊，如来藏者，与不离解脱智藏，是依是持，是为建立。

亦与外离不解脱智诸有为法，依持建立。

【释义】经言"死生者此二法是如来藏，世间言说故有死有生"。应理解为："依如来藏，有死生二法之名。"这就是说，依如来藏而有生死现象的假名，"新诸根起"名之为生，"根坏"名之为死，所以并不是如来藏本身有生有死。

"如来藏离有为相"，即是说如来藏离生灭、常断等，亦离因果，是故常住。

接着下来的经文应依唐译："如来藏者，与不离解脱智藏，是依是持，是为建立。"意思是，如来藏与解脱智藏同住（与如来法身同住），识境依如来藏而成显现，如来藏持有识境而成建立。这句经文的意思，亦即笔者屡说的智境上有识境随缘自显现。是故识境依于智境，智境持有识境，这便是智识双运的境界，是即建立。所谓建立，不只是说建立识境，实在是建立智识双运境界。

刘宋译:"世尊,断脱异外有为法依、持、建立者,是如来藏。"唐译:"亦与外离不解脱智诸有为法,依持建立。"二译都未精审,参考藏译,可改译为:"如来藏亦与诸有为法依持建立,然而却非缘于住别异处之不解脱智。"为易理解故,这句稍有意译。藏译造句相当复杂,不易直译。

经文的意思,是特别指出识境的建立。如来藏虽然建立识境,但却不是由不解脱智来建立,此不解脱智与如来藏"住别异处",即说二者不同住。既不同住,即与如来藏建立识境无关,这便说明识境的建立,实依佛内自证智。

建立识境、建立智识双运境界,都是如来藏的功德,亦可说为一切功德。

【刘宋译】世尊,若无如来藏者,不得厌苦,乐求涅槃。何以故?于此六识及心法智,此七法刹那不住,不种众苦,不得厌苦,乐求涅槃。

【唐译】世尊,若无如来藏者,应无厌苦,乐求涅槃,何以故?于此六识及以所知如是七法刹那不住,不受众苦,不堪厌离,愿求涅槃。

【释义】前面说如来藏建立一切功德,是即包含轮回界与涅槃界的功德,由是即说"厌苦,乐求涅槃",这其实亦是如来藏的功德,有这功德,有情才得解脱。

这里是说人的心识亦有如来藏,亦是智识双运境,是即所谓"如来藏心"。

如来藏心不与烦恼相应,不与无明住地同住(当然更不与四烦恼住地同住)。然而,当如来藏心受烦恼覆障时(只是覆障,不是相应),即成分别心识,即与烦恼相应。如果机械地认识,便可以将"如来藏心"与"分别心"加以分别,由是说为"一心二门":将如来藏心说为"心真如门"、将分别心说为"心生灭门"。若正确认识如来藏心,则实在是对此"一心"觉与不觉的问题。觉则如来藏心显露,可以生起无边功德;不觉则分别心生起,由是生起五蕴苦。是即如来藏心其实亦是智识双运境界,凡夫只不认识其双运,由是便只有分别心得发挥力用。

经文说"不种众苦,不得厌苦,乐求涅槃",便正是说由分别心亦可以成解脱因。因为不受众苦,便不会厌苦;若不厌苦,便不会乐求涅槃。这就是说,智识双运境界可以成为出离世间以求涅槃的因素。

【刘宋译】世尊,如来藏者,无前际,不起不灭法,种诸苦,得厌苦,乐求涅槃。

【唐译】如来藏者,无有前际,无生无灭法,受诸苦,彼为厌苦,愿求涅槃。

【释义】综合来说,如来藏心离本际("无前际")、离生灭(非由造作而生、非由造作而灭)、离因缘(识境依因缘而建立,双运境则为法尔)。离本际是故说为法尔、离生灭是故说为常住、离因缘是故离一切相对法。必须是这样的如来藏心,才能因厌苦而成出离,因乐求而得涅槃。若有本际,则不能出离识境,因为不能出离本际;若有生灭,则智境无从显露,因为智境亦变成刹那刹那生灭的相续;若有因缘,则智境亦成识境,因为智境的本质即是超越因果。

这样,便说明了智识双运境界的如来藏,有令众生出离识境以求涅槃的功德。对行者来说,这是十分重要的功德,若无此功德,则众生必恒时受苦,不得解脱。

【刘宋译】世尊,如来藏者,非我、非众生、非命、非人。如来藏者,堕身见众生、颠倒众生、空乱意众生,非其境界。

【唐译】世尊,如来藏者,非有我、人、众生、寿者。如来藏者,身见有情,颠倒有情,空见有情,非所行境。

【释义】为避免众生将如来藏看成是个体,所以说"非我、非众生、非命(生命力)、非人"。这一点相当重要,否则因为有识境自显现,便可能将如来藏的功德看成是成立个体,由是成立我、成立众生、成立生命、成立人等等。

由是经言有三种众生不识如来藏境界:"堕身见众生"(指凡夫与外道)、"颠倒众生"(指二乘行人)、"空乱意众生"(指不知善取空而堕入恶取空的菩萨乘行人),由此可见如来藏的深密。这三种众生的缺失,堕身见者误于将如来法身建立为个体;颠倒者误于将法身功德看成是识境的功能;空乱意者误在不识善取空的"如实知有",由是将如来藏视为外道见。

【刘宋译】世尊,如来藏者,是法界藏、法身藏、出世间上上藏、自性清净藏。此性清净,如来藏而客尘烦恼上烦恼所染,不思议如来境界。

【唐译】世尊,如来藏者是法界藏,是法身藏,出世间藏,性清净藏,此本性净,如来藏者,如我所解,纵为客尘烦恼所染,犹是不可思议如来境界。

【释义】于说如来藏心后,即说自性清净心(本性清净心)。

建立如来藏为智识双运界,便可说如来藏是"法界藏",因为佛内自证智境即是法界,亦可名为法身,所以法界藏亦即"法身藏"。

以凡夫如来藏心而言,落于言说,此心可说为心的深细处,其性寂静,恒常不变,所以称为佛性,亦可以称为法身,所以便是"出世间上上藏"。若无此心,凡夫成佛便须生起一个新的心性,那么不同的凡夫成佛,便没有可能生起同一个智境。如是成佛,便有各别不同的智。这不合道理,唯有是出世间藏,才能由心识转依而成佛,转依法尔智境,由是恒河沙数佛的内自证智境同一。

综合而言便可以说如来藏本性清净,因为法界清净,法身清净,出世间清净。

经言:"如来藏者,如我所解,纵为客尘烦恼所染,犹是不可思议如来境界。"(依唐译,刘宋译有译失)便是说本性清净的如来藏心,虽受七转识①烦恼所障,然而这些烦恼只有如客尘,如来藏心则未曾变易,犹是如来境界。

这样说自性清净心,是说如来藏的智境,虽有识境生起,然而识境却不能污染智境。智境无变易,是智识双运的本性。至于智识双运的另一本性,识境与智境无异离,则前面的经文已说。

【刘宋译】何以故?刹那善心非烦恼所染,刹那不善心亦非烦恼所染,烦恼不触心,心不触烦恼。

【唐译】何以故?世尊,刹那刹那善不善心,客尘烦恼所不能染,何以故?烦恼不触心,心不触烦恼。

【释义】这里解释如来藏心何以不受识境污染,那是由于"烦恼不触心,心不触烦恼"。因为不同住,所以便不触。如来藏心住于解脱智所依处,烦恼则住于四住地及无明住地,住处不同。

【刘宋译】云何不触法而能得染心?世尊,然有烦恼有烦恼染心,自性清净心而有染者,难可了知。唯佛世尊,实眼实智,为法根本,为通达法,为正法依,如实知见。

【唐译】云何不触法而能得染心?世尊,由有烦恼有随染心,随烦恼染难解难了,唯佛世尊为眼、为智、为法根本、为尊为导,为正法依,如实知见。

【释义】此处说烦恼不触心而能染心,亦即说客尘何以能染如来藏心。这其实是说二乘行人的认知,因为他们认为心实受污染。根据这样的认知,便有疑惑:二乘只知心识刹那刹那相续,既然是刹那刹那,即不应与烦恼相触,由是才有烦恼不触心,何以能染心的疑惑。

---

① 眼、耳、鼻、舌、身、意识及末那识。

若依如来藏教法,如来藏心是恒常,因为法身恒常(意识则刹那刹那相续),恒常即不受染,更何况住地不同。然而说为受染,则实在是说受覆障,因为覆障的功能显露,本性清净如来藏心的功德则不显露,心只一心,方便即可说为心受污染。其实如来藏心的智境并未受染,唯识境杂染。

经言:"唯佛世尊,实眼实智,为法根本,为通达法,为正法依,如实知见。"即说唯由佛内自证智,才能通达智境无变易,如实知见智境与识境双运的境界。当知此境界时,即知智境无变易,识境无异离。

【刘宋译】胜鬘夫人说是难解之法问于佛时,佛即随喜:如是,如是。自性清净心而有染污,难可了知。有二法难可了知,谓自性清净心,难可了知,彼心为烦恼所染,亦难了知。如此二法,汝及成就大法菩萨摩诃萨乃能听受,诸余声闻唯信佛语。

【唐译】尔时,世尊叹胜鬘夫人言:善哉善哉,如汝所说,性清净心随烦恼染,难可了知。复次胜鬘,有二种法难可了知。何等为二?谓性清净心难可了知,彼心为烦恼染亦难了知。如此二法,汝及成就大法菩萨乃能听受,诸余声闻由信能解。

【释义】胜鬘夫人所说,世尊随喜,说"自性清净心而有染污,难可了知"。这即是说智识双运境界难可了知。这样又可以说为"有二法难可了知",即是自性清净心难可了知、自性清净心为烦恼所染亦难可了知。这便是如来藏的深密处。

关于自性清净心,如果理解为本性清净心,那就比较容易理解。所谓本性,即是如来藏心本具的如来法身性。即如荧光屏影像所具的荧光屏性、镜影所具的镜性、水中月所具的水性,分别为影像、镜影、月影的本性。

如来藏深密,所以只有成就大法菩萨才能信受如来藏的密意,二乘行人只能依佛语来信解,亦即只能依言说。

十四、如来真子

【刘宋译】若我弟子随信、增上者,依明信已,随顺法智而得究竟。随顺法智者,观察施设根意解境界、观察业报、观察阿罗汉随眠、观察心自在乐禅乐、观察阿罗汉辟支佛大力菩萨圣自在通,此五种巧便观成就。

于我灭后未来世中,我弟子随信增上、依于明信、随顺法智,自性清净心彼为烦恼染污而得究竟,是究竟者入大乘道因。信如来者,有是大利益,不谤深义。

【唐译】胜鬘,若我弟子增上信者,随顺法智,于此法中而得究竟。顺法智者,观根识境,观察业报,观罗汉眠、观心自在爱乐禅乐,观声闻独觉圣神变通,由成就此五善巧观。

现在未来声闻弟子,因增上信随顺法智,善能解了性清净心烦恼所染而得究竟。胜鬘,是究竟者为大乘因,汝今当知信如来者,于甚深法不生诽谤。

【释义】如来藏难以了知,如来藏心更难信解,所以佛说,能于如来藏及如来藏心随信、增上者即是佛的真子。

如来藏与如来藏心本为一事,周遍法界而说,是如来藏;若只就心识来说,则可说为如来藏心。如来藏心并不是由心别异建立,心只一心,并无别异,所以如来藏心可以说为本心。人因为受四烦恼住地力及无明住地力的影响,由影响力不见本心,因此才需要指出这本心的本质。本质即如来藏(即智识双运境界),是故名之为如来藏心。

佛知道这样深密的知见,绝非一般人所能理解,即使学佛的人亦难理解，因此郑重指出，唯有认识如来藏与如来藏心的人，才能称为佛的真子。倘若耽着于佛的言说而信佛说的人，因为不知道佛的密意，是故非为真子。

虽未现证如来藏及如来藏心，但对其能生胜解，这便是"随信"；依信而作观修，则是"增上"。这两种人都可以称为佛的真子，因为他们由明信而随顺法智，亦可得究竟。随顺法智即是作五种观察，这是在观修时修内观的观察。佛说观察五种：

第一种是"观察施设根意解境界"（唐译为"观根识境"）。其实这是说观察意识。当眼、耳、鼻、舌、身五根起功能时，意识同时起功能，所观察的便是这个意识。凡夫将这意识当成是心，将意识的刹那刹那变异当成是心智；外道将这意识当成是现量，因为现量所以真实；二乘与菩萨乘行人，将这意识定义为空性，而不知意识之外有空性所隐覆的真实，这些误解都应该观察。

第二种是"观察业报"。业报难知，因为不是现作现报，所以如今许多自称信佛的人，其实都不信业报。业报相续，分段生死追随有漏法的业报，变易生死追随无漏法的业报，是故都须观察，尤其是无漏法的业报更加深密难知，连大力菩萨都未必信解，是即更应观察。

第三种是"观察阿罗汉随眠"。声闻乘有一部行人，认为烦恼即是随眠，此随眠与心相应；另有一部行人，认为随眠是烦恼的眠伏状态种子，与心不相应。这些认知都不究竟。菩萨乘的唯识宗不认为烦恼即是随眠，定义随眠为烦恼的习气，成为种子潜伏于阿赖耶识。由于声闻乘所知不究竟，所以未除习气，阿罗汉因此亦有随眠。对此随眠亦须观察，否则便不了知烦恼、随眠、种子三者之间的关系，由是影响观修，此如法执、宗见都可能成为随眠。

第四种是"观察心自在乐禅乐"。依对如来藏心的胜解，作抉择、观修、决定，更依决定见观修时，即得心自在乐与禅乐。对此须加观察，否则便可能由于决定见错误而成现证错误。此如二乘对四依的决定未究竟，因此他们的观修便不能生起无边功德；又如菩萨乘行人落于宗见，便不知有超越唯识的如来藏心,或不知如来藏心即是中道。

第五种是"观察阿罗汉、辟支佛、大力菩萨圣自在通"。这些神通并非刻意修成,可以说是由观修而得的副产品,所以必须观察。若不观察,则可能对这些"圣自在通"(圣者得自在的神通)生起执著,于是刻意追求,由是观修即入歧途。

佛说这五种观察,是为观修如来藏的行人作指示,于内观时应如是观,由此即能现证自性清净心。这五种观察,其实即是观察对现证自性清净心的五种障碍。能知这五种观察,才能得入一乘因。

【刘宋译】尔时,胜鬘白佛言:更有余大利益,我当承佛威神复说斯义。

佛言:便说。

胜鬘白佛言:三种善男子、善女人,于甚深义离自毁伤,生大功德入大乘道。何等为三:谓若善男子、善女人,自成就甚深法智;若善男子、善女人,成就随顺法智;若善男子、善女人,于诸深法不自了知,仰惟世尊,非我境界,唯佛所知,是名善男子、善女人,仰惟如来。

除此诸善男子、善女人已,诸余众生,于诸甚深法,坚著妄说,违背正法,习诸外道,腐败种子者,当以王力及天龙鬼神力而调伏之。

【唐译】尔时,胜鬘夫人白佛言:世尊,复有余义能多利益,我当承佛威神之力,演说斯事。

佛言:善哉,今恣汝说。

胜鬘夫人言:有三种善男子、善女人,于甚深法离自毁伤,生多功德入大乘道。何等为三:若善男子、善女人等,能自成就甚深法智;或有成就随顺法智;或有于此甚深法中不能解了,仰推如来,唯佛所知非我境界。

除此三种善男子、善女人已,诸余有情于甚深法,随己所取执著妄说,违背正法,习诸外道,腐败种子,设在余方应往除灭彼腐败者,一切

天人应共摧伏。

【释义】胜鬘承佛所说,说三种人对正法能"离自毁伤"。此即能"成就甚深法智"者、能"成就随顺法智"者、虽未成就但能信佛密意者。

又说除此三种人外,余众都可能诽谤这甚深法,是即"坚著妄说"者,此如依照自己的理解,来诽谤自己定义的如来藏的人;"违背正法"者,此如执著宗见、执著自宗的道名言,于是由颠倒来否定真实的人;"习诸外道"者,此如认为可以由批判佛学而成立佛学的人;"腐败种子"者,此如依人不依法、依语不依义、依识不依智、依不了义不依了义的人。对此种种人应加调伏,这便说明了宣扬如来藏教法的重要,亦即必须依辩证来理解佛的密意。

后　分

十五、胜鬘狮子吼

【刘宋译】尔时,胜鬘与诸眷属顶礼佛足。佛言:善哉,善哉。胜鬘,于甚深法方便守护,降伏非法,善得其宜,汝已亲近百千亿佛,能说此义。

【唐译】胜鬘夫人说是语已,与诸眷属顶礼佛足。时佛世尊赞言:善哉,胜鬘,于甚深法方便守护,降伏怨敌,善能通达,汝已亲近百千俱胝诸佛如来,能说此义。

【释义】佛说守护本经的功德有如"亲近百千亿佛",是故能说经义,即是说甚深清净自性心义。

【刘宋译】尔时,世尊,于胜光明普照大众,身升虚空高七多罗树,足步虚空还舍卫国。时胜鬘夫人与诸眷属,合掌向佛观无厌足,目不暂舍,过眼境已,踊跃欢喜,各各称叹如来功德,具足念佛,还入城中,向友称王称叹大乘。城中女人七岁已上,化以大乘,友称大王,亦以大乘化诸男子七岁以上,举国人民皆向大乘。

【唐译】尔时,世尊放胜光明普照大众,身升虚空高七多罗量,以神通力足步虚空,还舍卫城。时胜鬘夫人与诸眷属,瞻仰世尊目不暂舍,过眼境已,欢喜踊跃,递共称叹如来功德,一心念佛,还无斗城,劝友称王建立大乘,城中女人七岁已上,化以大乘,友称大王亦以大乘化诸男子七岁已上,举国人民无不学者。

【释义】说佛身升虚空,足步虚空,即显示"自在"。如来法身自在,如来法身功德亦自在。所谓自在即无有障碍，是故用升空、步空来表义。

说如来藏教法，令七岁以上女人、七岁以上男子都能入一乘。在后来亦曾兑现，据后来多罗那他所说，龙树弟子龙召（Ācārya Nāgāhvāya）即曾教授如来藏经，令城中小孩亦能唱诵，这便是由教导而入一乘教法。

【刘宋译】尔时，世尊入祇桓林，告长老阿难，及念天帝释，应时帝释与诸眷属，忽然而至住于佛前。尔时，世尊向天帝释及长老阿难，广说此经，说已告帝释言：汝当受持读诵此经，憍尸迦，善男子、善女人，于恒沙劫修菩提行，行六波罗蜜。若复善男子、善女人，听受读诵乃至执持经卷，福多于彼，何况广为人说。是故憍尸迦，当读诵此经为三十三天分别广说。复告阿难，汝亦受持读诵，为四众广说。

【唐译】尔时，世尊入逝多林，告尊者阿难及念天帝，时天帝释与诸眷属，应念而至住于佛前。尔时，世尊告帝释言：憍尸迦，汝当受持此经演说开示，为三十三天得安乐故。复告阿难，汝亦受持，为诸四众分别演说。

【释义】世尊嘱咐阿难及帝释，受持本经，说受持功德大于无数劫"修菩提行""行六波罗蜜"。这便等于说三转法轮的如来藏教法，超越二转法轮的般若法门。

其实深般若波罗蜜多亦即是如来藏教法，因为深般若即说空义隐覆真实，由是说不二法门。文殊师利菩萨所演说的不二法门，即是甚深空义，亦可以说是如来藏。因此从密意来说，深般若、不二法门、如来藏实在三无分别，只是所用的道名言不同。

【刘宋译】时天帝释白佛言：世尊，当何名斯经，云何奉持？

佛告帝释：此经成就无量无边功德，一切声闻缘觉不能究竟观察知见。憍尸迦,当知此经甚深微妙大功德聚,今当为汝略说其名,谛听谛听,善思念之。

时天帝释及长老阿难白佛言:善哉,世尊,唯然受教。

佛言:此经叹如来真实第一义功德,如是受持;不思议大受,如是受持;一切愿摄大愿,如是受持;说不思议摄受正法,如是受持;说入一乘,如是受持;说无边圣谛,如是受持;说如来藏,如是受持;说法身,如是受持;说空义隐覆真实,如是受持;说一谛,如是受持;说常住安隐一依,如是受持;说颠倒真实,如是受持;说自性清净心隐覆,如是受持;说如来真子,如是受持;说胜鬘夫人狮子吼,如是受持。

【唐译】时天帝释白佛言:世尊,当何名斯经,云何奉持?

佛告天帝:此经成就无边功德,一切声闻独觉力不能及,况余有情。憍尸迦当知,此经甚深微妙大功德聚,今当为汝略说其名,谛听谛听,善思念之。

时天帝释及尊者阿难白佛言:善哉,世尊,唯然受教。

佛言:此经赞叹如来真实功德,应如是持;说不思议十种弘誓,应如是持;以一大愿摄一切愿,应如是持;说不思议摄受正法,应如是持;说入一乘,应如是持;说无边谛,应如是持;说如来藏,应如是持;说佛法身,应如是持;说空性义隐覆真实,应如是持;说一谛义,应如是持;说常住不动寂静一依,应如是持;说颠倒真实,应如是持;说自性清净心烦恼隐覆,应如是持;说如来真子,应如是持;说胜鬘夫人正狮子吼,应如是持。

【释义】释迦说本经是"甚深微妙大功德聚",由是"略说其名"。然而释迦所说十五事,虽可以统名之为"胜鬘夫人狮子吼",其实所说,环环相扣,显示悟入如来藏的脉络。

现在我们将这十五事依次倒过来理解:

1. "胜鬘夫人狮子吼"此名,即是说能演说甚深微妙大功德聚。

2. 能作此演说,必须是如来真子。若是如来真子,定能明信如来藏心，随顺法智，知如来法身及其真实功德。

3. 能知如来藏心及如来法身，即应先知自性清净心被空义隐覆。

4. 欲知自性清净心隐覆，便须要知道何谓颠倒，何谓真实。说自性清净心是全经的归结，是即真实，其余隐覆真实义的名言，可以说都是颠倒。由是本经即说颠倒、真实。

5. 能一依，才能理解颠倒、真实的密意，所谓一依，即依一谛，亦可以说是依真实谛。

6. 一谛即是灭谛（具名"苦灭谛"），四谛中只有这一谛是出世间谛，所以为一依所依。

7. 要了知灭谛，即先须了知空义隐覆真实，亦即先须了知善取空。如若不然，便可能连真实都空掉，这样便失去中道，而且诽谤真实，所以经中于此便善说空义。

8. 要了知真实，便即是要了知如来法身，因此于说空义隐覆真实之前，先说如来法身。

9. 建立如来藏，即是建立智境与识境双运。若不知佛内自证智境，即不可能对法身生正见。因此在说法身之前，须先说如来藏。

10. 如来藏即由无边圣谛建立，所以说如来藏之前，先说无边圣谛。

11. 不入一乘，即不知无边圣谛，是故先说一乘。

12. 不摄受不思议正法，即不能入一乘，是故先说摄受正法。

13. 摄受正法之前，须发大愿，愿正法能于世间生起功德。

14. 摄受正法之前，须发大受。大受与大愿不同，大受有如誓言，行者必能办到；大愿则只是愿望，能否成办，还受众生的共业影响。

15. 大受、大愿实由如来真实功德引发，所以本经开端即说四种如来真实功德，亦即如来藏的四德，乐、常、我、净。

【刘宋译】复次，憍尸迦，此经所说断一切疑，决定了义入一乘道。憍尸迦，今以此说胜鬘夫人狮子吼经，付嘱于汝，乃至法住受持读诵，广分别说。

帝释白佛言：善哉，世尊，顶受尊教。

时天帝释、长老阿难，及诸大会天人、阿修罗、乾闼婆等，闻佛所说，欢喜奉行。

【唐译】复次，憍尸迦，此经所说断一切疑，决定了义入一乘道。憍尸迦，今以所说胜鬘夫人狮子吼经，付嘱于汝，乃至法住，于十方界开示演说。

天帝释言：善哉，世尊，唯然受教。

时天帝释、尊者阿难，及诸大会天人、阿修罗、健闼婆等，闻佛所说，皆大欢喜，信受奉行。

【释义】此段为嘱咐，全经圆满，愿吉祥。

图书在版编目(CIP)数据

《胜鬘狮子吼经》密意/谈锡永著. —上海：复旦大学出版社，2015.7(2023.5 重印)
(佛典密意系列)
ISBN 978-7-309-11280-1

Ⅰ. 胜… Ⅱ. 谈… Ⅲ. 唯识宗-研究 Ⅳ. B946.3

中国版本图书馆 CIP 数据核字(2015)第 053241 号

《胜鬘狮子吼经》密意
谈锡永 著
责任编辑/陈 军

复旦大学出版社有限公司出版发行
上海市国权路 579 号 邮编：200433
网址：fupnet@fudanpress.com http://www.fudanpress.com
门市零售：86-21-65102580 团体订购：86-21-65104505
出版部电话：86-21-65642845
上海新艺印刷有限公司

开本 890×1240 1/32 印张 4.75 字数 121 千
2015 年 7 月第 1 版
2023 年 5 月第 1 版第 4 次印刷

ISBN 978-7-309-11280-1/B·523
定价：22.00 元

如有印装质量问题，请向复旦大学出版社有限公司出版部调换。
版权所有 侵权必究